JN081069

Health & Exercise

健康運動

改訂3版

実践指導者

試験

筆記対策 分野別&模擬問題集

NESTA JAPAN 編著　村上浩宣（NESTA JAPAN 事務局長兼マスタートレーナー）監修

日本能率協会マネジメントセンター

本書の内容に関するお問い合わせについて

平素は日本能率協会マネジメントセンターの書籍をご利用いただき、ありがとうございます。
弊社では、皆様からのお問い合わせへ適切に対応させていただくため、以下①〜④のように
ご案内いたしております。

---

①お問い合わせ前のご案内について

現在刊行している書籍において、すでに判明して
いる追加・訂正情報を、弊社の下記 Web サイトでご
案内しておりますのでご確認ください。

http://www.jmam.co.jp/pub/additional/

②ご質問いただく方法について

①をご覧いただきましても解決しなかった場合に
は、お手数ですが弊社 Web サイトの「お問い合わ
せフォーム」をご利用ください。ご利用の際はメール
アドレスが必要となります。

https://www.jmam.co.jp/inquiry/form.php

なお、インターネットをご利用ではない場合は、郵便にて下記の宛先までお問い合わ
せください。電話、FAX でのご質問はお受けいたしておりません。
〈住所〉 〒 103-6009　東京都中央区日本橋 2-7-1　東京日本橋タワー 9F
〈宛先〉 ㈱日本能率協会マネジメントセンター　出版事業本部　出版部

③回答について

回答は、ご質問いただいた方法によってご返事申し上げます。ご質問の内容によっては
弊社での検証や、さらに外部へお問い合わせすることがございますので、その場合には
お時間をいただきます。

④ご質問の内容について

おそれいりますが、本書の内容に無関係あるいは内容を超えた事柄、お尋ねの際に
記述箇所を特定されないもの、読者固有の環境に起因する問題などのご質問にはお答え
できません。資格・検定そのものや試験制度等に関する情報は、各運営団体へお問い合
わせください。

また、著者・出版社のいずれも、本書のご利用に対して何らかの保証をするものでは
なく、本書をお使いの結果について責任を負いかねます。予めご了承ください。

はじめに

　この度、本書を再度、改訂する機会を頂戴することとなりました。その間、多くの方々のご愛読があったおかげで、本書を発行し続けることができております。これまでの読者の皆さま、そして、本書の刊行にご尽力くださったすべての方々に、この場を借りて、改めて深く御礼申し上げます。

　私たちNESTA JAPAN（全米エクササイズ＆スポーツトレーナー協会）は、「社会の"元気"に貢献します」という理念のもと、人々に「心と体の健康」を届けられる運動指導者の育成に力を注いでおります。本書も、そのような私たちの思いとノウハウを詰め込んだ渾身の一冊です。健康運動実践指導者の養成カリキュラムでは、身体や運動に関する理論・実技だけでなく、国の健康づくり施策から医学的な基礎知識まで幅広く学ぶことができます。社会全体の運動・スポーツ熱が高まっていく中、パーソナルトレーナーやフィットネスインストラクターといった健康づくりのプロ、運動指導のプロが活躍する場もますます広がっていきます。健康運動実践指導者の資格は、そうしたプロが取得しておくべき基礎的な資格といえます。

　本書は、実際にプロとして活躍できる指導者を育てるために、本番の筆記試験よりも少し高いレベルの内容で編まれています。しかし、国の施策更新などに伴い改訂された養成用テキストの内容や、本番の筆記試験の出題形式を想定していますので、本書と養成用テキストをセットにして学習していただくことで、本試験の対策は万全になるものと確信しております。

　本書を手にしてくださった皆さま全員が「合格」を手にし、人々の"元気"で豊かな暮らしをサポートする仲間がたくさん増えることを切に願っております。

　2021年11月
　　　　　　　NESTA JAPAN 事務局長兼マスタートレーナー
　　　　　　　　　　　　　　　　　　　村上 浩宣

本書をよりよく
お使いいただくために

健康運動実践指導者筆記試験合格を目指す読者のみなさまが、合格対策をしやすいよう、学びのしかけをしてあります。

この1冊だけで勉強は万全！

基本から応用レベルの良問を凝縮
オリジナル分野別問題160問

核心をついた問題のみを、養成用テキストの章別に編集しています。すばやく・しっかり力をつけることができます。確実に合格を勝ちとる、そして、合格後、健康運動実践指導者として着実に活躍していただくために、難易度は本試験より高いレベルに設定してあります。

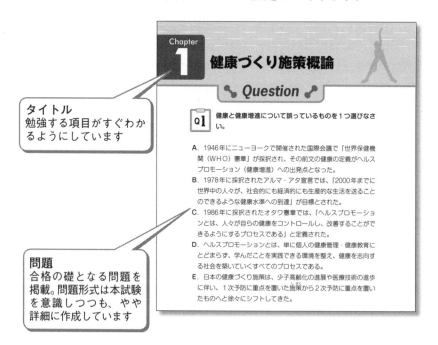

タイトル
勉強する項目がすぐわかるようにしています

問題
合格の礎となる問題を掲載。問題形式は本試験を意識しつつも、やや詳細に作成しています

Chapter **1** 健康づくり施策概論

♪ Question ♪

Q1 健康と健康増進について誤っているものを1つ選びなさい。

A. 1946年にニューヨークで開催された国際会議で「世界保健機関（WHO）憲章」が採択され、その前文の健康の定義がヘルスプロモーション（健康増進）への出発点となった。

B. 1978年に採択されたアルマ・アタ宣言では、「2000年までに世界中の人々が、社会的にも経済的にも生産的な生活を送ることのできるような健康水準への到達」が目標とされた。

C. 1986年に採択されたオタワ憲章では、「ヘルスプロモーションとは、人々が自らの健康をコントロールし、改善することができるようにするプロセスである」と定義された。

D. ヘルスプロモーションとは、単に個人の健康管理・健康教育にとどまらず、学んだことを実践できる環境を整え、健康を志向する社会を築いていくすべてのプロセスである。

E. 日本の健康づくり施策は、少子高齢化の進展や医療技術の進歩に伴い、1次予防に重点を置いた施策から2次予防に重点を置いたものへと徐々にシフトしてきた。

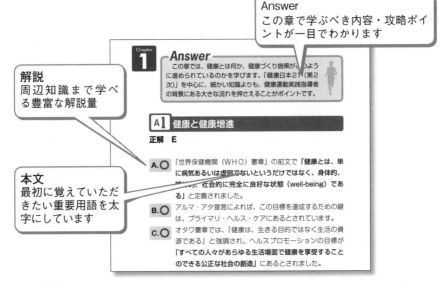

学びのしかけ その2 試験の傾向を知り、形式に慣れる 模擬試験2回分（80題）

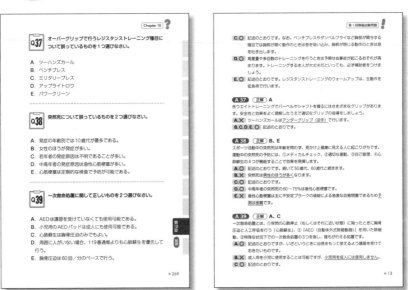

　模擬試験形式の問題を2回分80題掲載。最後の力だめしとしてチャレンジしてください。また、解答解説は別冊で、答え合わせをしやすくなっています。

●健康運動実践指導者試験について●

1. 試験の位置づけ

　健康運動実践指導者とは、「積極的な健康づくりを目的とした運動を安全かつ効果的に実践指導できる能力を有すると認められる者」です。2. の流れで、健康運動実践指導者の称号を手に入れることになります。

2. 健康運動実践指導者の取得の流れ

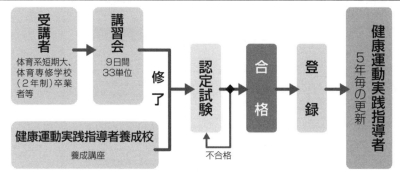

出典：『健康ネット　公益財団法人　健康・体力づくり事業財団　ホームページ』より

　認定試験受験には、2パターンの流れがあります。

①健康運動実践指導者養成講習会を受講→認定試験受験

②健康運動実践指導者養成校で養成講座を受講→認定試験受験

（講習会、養成校の認定、認定試験、登録いずれも公益財団法人　健康・体力づくり事業財団が実施）。

●講習会の受講資格は以下のとおりです。

　次のいずれか一つに該当している場合に与えられます。

1. 体育系短期大学又は体育専修学校（2年制）もしくはこれと同等以上の学校の卒業者（卒業見込み含む）。

2. 3年以上運動指導に従事した経験のある者

3. 運動指導に関連する資格を有する者
   例：健康運動指導士、グループエクササイズフィットネスインストラクター（GFI）、スポーツプログラマー、アスレティックトレーナー、スポーツリーダー、日本スポーツ協会認定コーチ1～4、基礎水泳指導員、NSCA認定パーソナルトレーナー（NSCA-CPT）、NSCA認定ストレングス＆コンディショニングスペシャリスト（CSCS）、レクリエーション・インストラクター、中高老年期運動指導士、高齢者体力つくり支援士、NESTA公認パーソナルフィットネストレーナー（NESTA PFT）

4. 保健医療に関する資格を有する者
   例：保健師、管理栄養士、看護師、准看護師、助産師、薬剤師、栄養士、あん摩マッサージ指圧師、はり師、きゅう師、柔道整復師、理学療法士、作業療法士、臨床検査技師、社会福祉士、精神保健福祉士、公認心理師、介護福祉士、介護支援専門員、保育士、介護職員実務者研修修了者（ホームヘルパー1級）、介護職員初任者研修修了者（ホームヘルパー2級）

5. 学校教育に関する資格を有する者
   例：幼稚園教諭、小・中・高等学校教員免許

●養成校について

　養成校は、日本全国の大学・短期大学・専門学校で合計176校が存在します。（2021年4月現在）

3. 筆記試験問題形式

> 問題形式：5択コンピュータ端末上での出題・解答、40問、90分

CONTENTS

第1章 健康づくり施策概論

第2章 運動生理学

第3章 機能解剖とバイオメカニクス

第4章 栄養摂取と運動

第5章 体力測定と評価

第 **1** 章

健康づくり施策概論

筆記試験「ここが重要！」

※★の数が多いほど、重要分野になります。優先順位をつけて学習すると効率的に学習できます。

【第1章　健康づくり施策概論】

1 健康と健康増進の概念

★★★ 健康の定義

「健康とは、単に病気あるいは虚弱でないというだけではなく、身体的、精神的、社会的に完全に良好な状態（well-being）である」（世界保健機関（WHO）憲章 前文）

★★ 健康増進（ヘルスプロモーション）の流れ

1978年　アルマ・アタ宣言：プライマリ・ヘルス・ケア

1986年　オタワ憲章：ヘルスプロモーション

2 わが国の現状と健康づくり施策

★★★ 日本人の主要死因（厚生労働省「人口動態調査（確定数）」令和2年）

・1位：悪性新生物（がん）　2位：心疾患　3位：老衰　4位：脳血管疾患

・老衰を除き、かつては結核などの感染症が上位→現在は悪性新生物、心疾患、脳血管疾患といった慢性疾患が上位

★★ 生活習慣病の患者数（厚生労働省政策統括官付保健統計室「平成26年患者調査」）

・1位：高血圧性疾患　2位：糖尿病　3位：悪性新生物（がん）

★★ 健康づくり施策の流れ

1978年　第1次国民健康づくり対策：1次予防よりも2次予防（早期発見、早期治療）に重点

1988年　第2次国民健康づくり対策（アクティブ80ヘルスプラン）：

1次予防（疾病予防、健康増進）に重点

健康運動指導士、健康運動実践指導者の養成

2000年　21世紀における国民健康づくり運動（健康日本21）：生活習慣や生活習慣病について、具体的な目標設定とその成果の評価

2002年　健康増進法：受動喫煙の防止

2012年　21世紀における第2次国民健康づくり運動（健康日本21（第2次））：次ページのとおり

2013年　健康づくりのための身体活動基準2013、健康づくりのための身体活動指針
　　　　（アクティブガイド）：2006年の「健康づくりのための運動基準」「健康づく
　　　　りのための運動指針」を改定

★★★　**健康日本21（第2次）**

「すべての国民が共に支えあい、健やかで心豊かに生活できる活力ある社会の実現」を
目指す

①健康寿命の延伸と健康格差の縮小　②主要な生活習慣病の発症予防と重症化予防
③社会生活を営むために必要な機能の維持および向上　④健康を支え、守るための社会
環境の整備　⑤栄養・食生活、身体活動・運動、休養、飲酒、喫煙および歯・口腔の健
康に関する生活習慣および社会環境の改善

③ 生活習慣病とメタボリックシンドローム

★★★　生活習慣病の定義

「生活習慣病 life-style related diseases とは、食事・運動などの生活習慣がその発症・
進行に関与する疾患群」

　　主な疾患：2型糖尿病・肥満症・脂質異常症・高尿酸血症・循環器病・高血圧・大腸
　　　　　　　がん・肺扁平上皮がん・慢性閉塞性肺疾患（COPD）・歯周病・アルコール性
　　　　　　　肝障害など

★★★　メタボリックシンドローム診断基準

・必須条件→内臓脂肪（腹腔内脂肪）蓄積

　　男性≧85cm、女性≧90cm、内臓脂肪面積100cm²以上に相当

・選択条件→「必須条件」に加えて以下の2項目以上

　　高トリグリセライド血症≧150mg/dl　かつ/または　低HDLコレステロール血症＜40mg/dl

　　収縮期血圧≧130mmHg　かつ/または　拡張期血圧≧85mmHg

　　空腹時高血糖≧110mg/dl

④ 介護予防について

★　　　高齢者（65歳以上）の占める割合

・2000年、6人に1人の割合→2014年、4人に1人の割合→2050年、3人に1人

⑤ メディカルチェックについて

★　　　メディカルチェックの構成

1．問診　2．医師による診察　3．医学的検査　4．運動負荷試験

健康と健康増進について誤っているものを1つ選びなさい。

A. 1946年にニューヨークで開催された国際会議で「世界保健機関（WHO）憲章」が採択され、その前文の健康の定義がヘルスプロモーション（健康増進）への出発点となった。

B. 1978年に採択されたアルマ・アタ宣言では、「2000年までに世界中の人々が、社会的にも経済的にも生産的な生活を送ることのできるような健康水準への到達」が目標とされた。

C. 1986年に採択されたオタワ憲章では、「ヘルスプロモーションとは、人々が自らの健康をコントロールし、改善することができるようにするプロセスである」と定義された。

D. ヘルスプロモーションとは、単に個人の健康管理・健康教育にとどまらず、学んだことを実践できる環境を整え、健康を志向する社会を築いていくすべてのプロセスである。

E. 日本の健康づくり施策は、少子高齢化の進展や医療技術の進歩に伴い、1次予防に重点を置いた施策から2次予防に重点を置いたものへと徐々にシフトしてきた。

健康日本21（第2次）について誤っているものを1つ選びなさい。

A．「21世紀における第2次国民健康づくり運動（健康日本21（第2次））」は、2012年7月に策定された。

B．すべての国民が健康で明るく元気に生活できる社会の実現を目指すこととされている。

C．健康寿命の延伸と健康格差の縮小、主要な生活習慣病の発症予防と重症化予防などの5分野が基本方針に設定されている。

D．社会生活を営むために必要な機能の維持・向上のために、ライフステージに応じた「こころの健康づくり」に取り組む。

E．地方自治体は、健康増進に関する施策の推進のために健康運動指導士など健康づくりのための運動指導者や健康スポーツ医との連携等に努めなければならないとされている。

 生活習慣病とメタボリックシンドロームについて正しいものを1つ選びなさい。

A．生活習慣病とは、食事、運動などの生活習慣がその発症・進行に関与する疾患群であり、主なものとして1型糖尿病や肥満症、脂質異常症などが挙げられる。

B．喫煙は、食道がん、高血圧、高血圧性心疾患、大腸がんの危険性を高める。

C．身体活動・運動量の多い者は、総死亡、虚血性心疾患（きょけつせいしんしっかん）、高血圧、糖尿病、肥満、骨粗鬆症（こつそしょうしょう）、結腸がんなどの罹患率（りかん）・死亡率が低いことが明らかにされている。

D．生活習慣病対策としてメタボリックシンドロームに着目するのは、高血圧など動脈硬化の危険因子が1つでもあるとそれが生活

習慣病に直結するからである。

E．メタボリックシンドロームの診断基準の１つであるウエスト周囲径（腹囲）については、専門家から問題が指摘されたため廃止された。

· ·

 介護予防について誤っているものを１つ選びなさい。

A．わが国の人口の高齢化は他の先進諸国並みのスピードで進行しており、全人口に占める高齢者の割合が2050年には３人に１人になると予測されている。

B．人口の高齢化に伴い、「寝たきり」「認知症」など支援・介護を要する高齢者が急速に増加しており、要介護・要支援認定者数は500万人を超えている。

C．2000年に施行された介護保険法により、40歳以上の者を被保険者とした強制加入の保険制度が始まった。

D．2006年に介護保険制度が見直され、高齢期の健康と生活機能の維持、生活の質の向上のために介護予防が重視されるようになった。

E．介護予防サービスにおける運動器の機能向上の指導は、運動内容や方法を適宜変更できる専門知識を有する者が実施することとされている。

Q5 メディカルチェックについて誤っているものを2つ選びなさい。

A. 医学的禁忌条件を持つ個人を見極めることや、体力測定や運動プログラムの作成に影響しうる個々人の特別なニーズを識別することなどがメディカルチェックの目的である。

B. メディカルチェックでは、特に心血管疾患の有無に注意する必要がある。

C. メディカルチェックでは、問診や医師による診察、医学的検査、運動負荷試験などを必要に応じて実施し、運動の可否を判定する。

D. 対象者が過去1年以内に健康診断を受診しており、特に大きな体調の変化がない場合でも、運動参加にあたってメディカルチェックは必須である。

E. メディカルチェックにより運動が可能と判定された後は、どんな場合でも決められた運動プログラムを確実に実行していくことが大切である。

Answer

この章では、健康とは何か、健康づくり施策がどのように進められているのかを学びます。「健康日本21（第2次）」を中心に、細かい知識よりも、健康運動実践指導者の背景にある大きな流れを押さえることがポイントです。

A1 健康と健康増進

正解　E

A.○ 「世界保健機関（WHO）憲章」の前文で**「健康とは、単に病気あるいは虚弱でないというだけではなく、身体的、精神的、社会的に完全に良好な状態（well-being）である」**と定義されました。

B.○ アルマ・アタ宣言によれば、この目標を達成するための鍵は、プライマリ・ヘルス・ケアにあるとされています。

C.○ オタワ憲章では、「健康は、生きる目的ではなく生活の資源である」と強調され、ヘルスプロモーションの目標が**「すべての人々があらゆる生活場面で健康を享受することのできる公正な社会の創造」**にあるとされました。

D.○ つまり、ヘルスプロモーションは、個人の健康だけでなく、健康な家庭、健康な地域社会、健康な学校、健康な職場をつくるという具体的な努力から始まります。

E.✕ 日本の健康づくり施策は、1978年の「第1次国民健康づくり対策」からより具体的、積極的な健康・体力増強策が開始されました。その内容は、<u>1次予防（健康増進、発病予防）よりもより2次予防（早期発見、早期治療）に重点を置いた施策</u>でしたが、1988年からの「第2次国民健康づくり対策」では<u>1次予防重視へとシフト</u>しました。

A2 健康日本21（第2次）

正解　B

A.○ 健康日本21（第2次）は、健康日本21の最終評価で提起された課題等を踏まえ、2013〜2022年度の10年間を対象とした健康づくり施策として、2012年7月に策定されました。

B.✕ 「すべての国民が支えあい、健やかで心豊かに生活できる活力ある社会の実現」を目指すこととされています。記述は、健康日本21に関するものです。

C.○ 記述のほか、「社会生活を営むために必要な機能の維持および向上」「健康を支え、守るための社会環境の整備」「栄養・食生活、身体活動・運動、休養、飲酒、喫煙および歯・口腔の健康に関する生活習慣および社会環境の改善」が掲げられています。各分野の取り組みを進め、その結果として、「健康寿命の延伸と健康格差の縮小」を実現することが目指されています。

D.○ こころの健康づくりの目標として、①自殺者の減少、②心理的苦痛を感じている者の割合の減少、③メンタルヘルスに関する措置を受けられる職場の割合の増加、④小児科医・児童精神科医師の割合の増加が掲げられています。

E.○ 記述のほか、保健師などの確保と資質の向上、健康づくりのためのボランティア組織や自助グループの支援体制の構築に努めなければならないとされています。

A3 生活習慣病とメタボリックシンドローム

正解　C

A. ✕ **生活習慣病とは、食事、運動などの生活習慣がその発症・進行に関与する疾患群**であり、主なものとして**2型糖尿病**、肥満症、脂質異常症などが挙げられます。なお、1型糖尿病はインスリンを生成することができないため、2型糖尿病はインスリンが機能しなくなる（インスリン抵抗性）ために発症します。

B. ✕ 喫煙は、肺がん・咽頭がん・膵臓がん・膀胱がんなどのがん、狭心症・心筋梗塞といった虚血性心疾患、慢性閉塞性肺疾患、歯周病の危険性を高めます。

C. ◯ **身体活動・運動**のほか、**栄養・食生活、休養・睡眠、喫煙、飲酒**といった生活習慣の変容が、生活習慣病の1次予防として重視されています。

D. ✕ メタボリックシンドロームとは、**高血圧、耐糖能異常などの動脈硬化の危険因子が一個人に複数集積した病態**のことです。複数の危険因子が重なると、それぞれの危険因子が単独の場合と比較して、**相乗的に動脈硬化性疾患の危険度が高まります**。

E. ✕ ウエスト周囲径（腹囲）については、専門家から問題も指摘されていますが、誰にでもわかりやすい基準であることが指導対象者の明確化にもつながっています。

A4 介護予防

正解　A

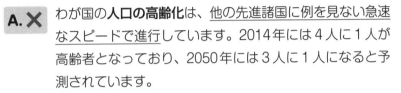

A. ✕ わが国の**人口の高齢化**は、<u>他の先進諸国に例を見ない急速なスピードで進行</u>しています。2014年には4人に1人が高齢者となっており、2050年には3人に1人になると予測されています。

B. ◯ 記述のとおりです。人口の高齢化の一方で核家族化が進展し、高齢者世帯、高齢者の単身世帯が増加しているため、**介護力の低下**問題は老後の最大の不安要因となっています。

C. ◯ 記述のとおりです。なお、公的介護サービスは、それまでは老人福祉と老人保健とに制度が分かれていましたが、介護保険法の施行により、**保健・医療・福祉にわたる総合的なサービス**が利用できるようになりました。

D. ◯ 2006年に見直された介護保険制度で、新たに創設された介護予防事業によって、**運動器の機能向上**、栄養改善、口腔機能向上などのサービスを提供し、生活機能の現状維持・改善を図っています。

E. ◯ 地域包括支援センターで作成する**介護予防ケアプラン**により運動器の機能向上が必要とされた者に対して、ストレッチング、有酸素運動、簡易な器具を用いた運動などの指導が行われます。指導は、運動内容や方法を適宜変更できる専門知識を有する者が実施します。

A5 メディカルチェック

正解　D、E

A. ◯ アメリカスポーツ医学会（ACSM）では、運動参加前のメディカルチェックの目的として表1-5（養成用テキストP.12）の4項目を挙げています。

B. ○ 心血管疾患の有無に注意します。その他、その危険因子の有無、虚血性心疾患を疑わせる自覚症状の有無などの把握に努める必要があります。

C. ○ なお、問診では、**PAR-Q**のような簡便な質問票を実施することにより、低－中等度強度の運動への参加が不適当である者や運動実施にさいして、医学的助言を受けるべき人の検出が容易になります。

D. ✕ 運動可否の判定のために、**身体計測、血圧測定、尿検査、血液検査、胸部X線検査、安静時心電図検査**などの医学的検査を行いますが、過去1年以内に健康診断を受診していて特に大きな体調の変化がない場合は、その結果の活用も可能です。

E. ✕ メディカルチェックを受けた後でも健康状態は日々変化するので、その日の体調をよく把握し、疲れ、発熱などの自覚症状がある場合は、無理をせずに、軽い運動にとどめるか中止することも大切です。

第 **2** 章

運動生理学

※★の数が多いほど、重要分野になります。優先順位をつけて学習すると効率的に学習できます。

【第2章　運動生理学】

❶ 運動の発現

★★　神経系

・神経は、脳、脊髄からなる「中枢神経系」と脳神経や脊髄神経といった「末梢神経系」から構成されています。

・末梢神経系は、その機能から「体性神経」（＝運動神経＋感覚神経）と「自律神経」（＝交感神経＋副交感神経）に分類することができます。

★★　運動単位

・1つのα運動ニューロンとそれに支配される複数の筋線維群を「運動単位」と呼びます。

・大きな力を発揮するためには、できるだけ多くの運動単位を参加させることと各運動単位の放電頻度を高くすることが必要になります。

❷ 骨格筋収縮の仕組みとエネルギー供給機構

★★★　骨格筋の構造

・骨格筋は筋線維が集まってできており、筋線維には筋原線維が詰まっています。

・筋原線維はミオシンフィラメントとアクチンフィラメントからなります。

　骨格筋⇒筋線維⇒筋原線維⇒ミオシンフィラメント＆アクチンフィラメント

★★　骨格筋の収縮

・筋は、ミオシンフィラメントがアクチンフィラメントをたぐり寄せるようにして収縮すると考えられています。

・筋線維は、アデノシン3リン酸（ATP）がアデノシン2リン酸（ADP）に変化するときに放出されるエネルギーを利用して収縮します。

・ATPは、筋線維内に数秒の筋収縮に必要な量しか貯蔵されていませんが、常に再合成され一定量に保たれています。

★★★ エネルギー供給機構（再合成）

- 無酸素性エネルギー供給機構：ATP再合成に酸素を必要としません。

  ATP-CP系（クレアチンリン酸：理論上、約8秒間の運動が可能）

  解糖系（グリコーゲン：理論上、約33秒の運動が可能）

- 有酸素性エネルギー供給機構：ATP再合成に酸素を必要とします。

  クエン酸回路（TCA回路）と電子伝達系（組織内のミトコンドリアの働き：理論上、無限に運動が可能）

③ 筋線維タイプと収縮特性

★★★ 筋線維タイプの分類

	筋線維タイプ		
ミオグロビン含有量の違い（見かけ上の色の違い）	赤筋線維	中間筋線維	白筋線維
収縮速度の違い	遅筋線維	速筋線維	
収縮速度（ATP分解能力）の違い	タイプⅠ線維	タイプⅡA線維	タイプⅡB線維
収縮速度＋持久力の違い	SO線維	FOG線維	FG線維

④ 運動と筋線維タイプ

★　　筋線維タイプの比率

- 一流のスプリンター：速筋線維80%　一流のマラソンランナー：遅筋線維80%
- 筋線維のタイプは基本的に遺伝によって決まりますが、トレーニングによってもわずかに変化します。

⑤ 筋収縮と筋力

★★★ 筋収縮の3様式

- 短縮性収縮：筋の長さが短くなりながら力を発揮します。
- 等尺性収縮：筋の長さが変わらない状態で力を発揮します。
- 伸張性収縮：筋が引き伸ばされながらも力を発揮します。

⑥ トレーニングと骨格筋

★　　筋力トレーニングの効果

- 初期の筋力増大は神経系の働きの変化であり、筋肥大を目的としたトレーニングには3ヵ月以上の期間が必要です。

7 運動の持続と呼吸循環系

★★　呼吸循環系（肺・心臓・血管）の働きと構造

・ガス交換：体内に酸素を取り込み、二酸化炭素を排出する働き

・体循環：心臓→大動脈→動脈→細動脈→毛細血管→細静脈→静脈→大静脈→心臓

・肺循環：心臓→肺動脈→肺→肺静脈→心臓

・筋ポンプ作用：静脈内の弁とその周りの筋の働きによって、血液が骨格筋から心臓へと円滑に戻ることができます。

8 呼吸循環系の機能の指標と調節機構

★★★　血圧

・血圧：血流が血管内壁面を垂直に押す圧力

・収縮期血圧（最高血圧）：血圧は左心室が収縮したときに最も高くなります。

・拡張期血圧（最低血圧）：血圧は左心室が拡張したときに最も低くなります。

・標準的な血圧は、120/80mmHg程度です。

9 運動に伴う呼吸循環機能の変化

★★　運動強度の増加に伴う変化

・呼吸数と1回換気量、分時換気量が増加

・心拍数が増加

・1回拍出量が増加（ただし、中等度の強度まで）

・心拍出量が増加

・収縮期血圧は増加、拡張期血圧は大きな変化なし

★★★　最高心拍数

・最高心拍数（HRmax）：年齢別の一般的な目安は（220 − 年齢）です。

10 運動時の酸素利用

★★★　最大酸素摂取量（$\dot{V}O_{2max}$）

・1分間あたりに体内に取り込まれる酸素摂取量の最大値

・運動強度を示す指標として、「最大酸素摂取量の○％」と表記されます。

★★　無酸素性閾値（いきち）

・無酸素性閾値（AT）：運動に必要なエネルギーを有酸素系のみでは十分にまかなえず、無酸素系が多量に動員され始めるポイント

11 トレーニングによる呼吸循環系の適応

★　　持久的トレーニングによる体の変化

・最大酸素摂取量が増加

・毛細血管の密度が増し、動静脈の血管径も太くなるため、血圧が低下

12 運動と血液・体液

★　　血液の働き

・血液＝透明な液体である血漿成分（60％）＋小さな細胞の集まりである血球成分
（40％）

・酸素、糖、脂肪などの代謝関連物質や二酸化炭素、乳酸のような代謝産物、栄養素を
運搬。

13 成長期における体力・基本的動作スキルの発達

★　　有酸素性体力の発達

・成長期における最大酸素摂取量は、ほぼ加齢とともに増加していきます。

14 成人以降の加齢に伴う体力・運動能力の低下

★　　体重あたりの最大酸素摂取量の必要量

・他人の介助なしに基本的な日常生活を営むためには、12〜13ml/kg/分程度が必要

・健康で活動的な生活を送るためには、20ml/kg/分程度あることが望ましいとされて
います。

15 体力に及ぼす先天的要因（遺伝）と後天的要因（運動実践の効果）

★　　定期的な持久的トレーニングの効果

・運動実践によって、より高齢まで活動的な生活を送ることが可能な体力を維持するこ
とができます。

Chapter 2 運動生理学

Question

Q1 **末梢神経系の構成について誤っているものを1つ選びなさい。**

A．末梢神経系は、解剖学的には脳神経と脊髄神経によって構成される。

B．末梢神経系は、機能的には体性神経と自律神経に分類することができる。

C．体性神経は、運動神経と感覚神経に分けることができる。

D．自律神経は、交感神経と副交感神経からなる。

E．交感神経は12対、副交感神経は31対ある。

Q2 **不随意運動と随意運動について誤っているものを1つ選びなさい。**

A．不随意運動は無意識下で行われ、随意運動はある目的をもって意識的に行われる。

B．反射とは、例えば、膝下の膝蓋腱を叩くと膝関節が伸展するなどの無意識下で行われるものをいう。

C．反射における神経指令の順序は「感覚器→反射中枢→効果器（筋）」であり、反射弓といわれる。

D．定型運動には、歩行運動、呼吸運動などがあり、随意的な運動に分類され、無意識に行うことはできない。

E．随意運動における中枢神経系からの指令の流れは、「運動の発

動欲求→運動プランの作成→運動プログラム・戦略の選択と形成
→運動の実行」の順に進む。

Q3 骨格筋の収縮と運動単位について誤っているものを1つ選びなさい。

A．骨格筋は筋線維が集まってできている組織であり、筋線維の中には筋原線維が詰まっている。

B．筋原線維はミオシンフィラメントとアクチンフィラメントからなり、アクチンフィラメントの頭部がミオシンフィラメントをたぐり寄せるようにして両者が滑走することで筋が収縮すると考えられている。

C．筋収縮の指令は α 運動ニューロンを通じて活動電位として筋線維に伝えられる。

D．1つの α 運動ニューロンとそれに支配されている筋線維群は1つの単位として活動することから、運動単位と呼ばれる。

E．筋が大きな力を発揮するためには、活動に参加する運動単位を増やすとともに、各運動単位の放電頻度を高くする必要がある。

Q4 骨格筋が収縮するためのエネルギーについて誤っているものを1つ選びなさい。

A．筋線維内にあるATPと呼ばれるリン酸化合物から、リン酸が1つ離れて、ADPとなるときにエネルギーが放出される。

B．無酸素性エネルギー供給機構とは、ATP-CP系と解糖系が該当し、どちらも乳酸を発生する。

C．ATP-CP系とは、筋線維中に貯蔵されているクレアチンリン酸が分解されてできたリン酸とADPが結合し、ATPが再合成さ

れるシステムである。

D．解糖系は、筋線維中に蓄えられたグリコーゲンがピルビン酸に変換されていく経路で、ATPを再合成するシステムである。

E．有酸素性エネルギー供給機構とは、組織のミトコンドリアの中で行われるTCA回路と電子伝達系のことである。

筋線維タイプと収縮特性について正しいものを1つ選びなさい。

A．白筋は遅筋とも呼ばれ、収縮速度が遅いが持久力に優れ、赤筋は速筋とも呼ばれ、速く収縮できるが疲労しやすいという特徴を持っている。

B．筋線維は構造上の特徴、収縮速度の違い、ATP合成能力などを基準に数種類のタイプに分類されるが、骨格筋内においてはこれらのタイプ別に区分けされ、規則的に配列されている。

C．筋線維タイプの構成比から見ると、世界レベルのマラソンランナーはタイプⅡA線維の割合が高い。

D．SO線維は、タイプⅠ線維、遅筋線維と同義である。

E．FOG線維は、タイプⅡB線維、速筋線維と同義である。

筋収縮の様式と筋力について誤っているものを1つ選びなさい。

A．短縮性収縮とは、力を出しながら筋の長さが短くなっていく収縮の様式である。

B．等尺性収縮とは、力を出しながらも筋の長さが変わらない収縮の様式である。

C．伸張性収縮とは、力を出しながらも筋の長さが長くなっていく

収縮の様式である。

D．筋力を決める要因としては、骨格筋量、神経による調節機構、関節角度が挙げられる。

E．固有筋力とは、単位面積あたりで発揮できる筋力のことをいうが、性別や人種による差は大きい。

Q7 骨格筋における筋力トレーニングの効果について正しいものを1つ選びなさい。

A．筋力トレーニングに伴う筋力の増加は、骨格筋の肥大だけによるものである。

B．随意的に最大筋力を発揮しようとするとき、筋線維の50～60％は休んでいる状態にある。

C．筋力トレーニングを開始して数週間で、筋力増大と骨格筋の肥大が観察されはじめる。

D．筋力トレーニングは、筋肥大や筋持久力向上といった目的に合わせたプログラムに取り組むことで、より高い効果が得られる。

E．筋肥大を目的としたトレーニングは、1ヵ月以上のトレーニング期間が必要である。

Q8 呼吸器系の働きと構造について誤っているものを1つ選びなさい。

A．呼吸の役割は、運動を持続するためのATP-CP系によるATP再合成に不可欠な酸素を大気から体内に取り込み、代謝により産生された二酸化炭素を体外に排出することである。

B．呼吸は気道（口や鼻を含む）、肺、呼吸筋といった器官の働きによって行われる。

C．気道は肺に近づくにつれ、気管支、細気管支と分岐していき、ガス交換の場である肺胞へとつながっている。

D．肺胞は、薄い膜でできた小さな空気の袋を毛細血管が隙間なく取り囲む構造になっており、この薄い膜を通して空気と血液の間のガス交換が行われる。

E．呼吸運動は呼吸中枢からの呼吸運動ニューロンの刺激により、肋間筋（ろっかんきん）と横隔膜で構成される呼吸筋が収縮し、胸郭を広げたり縮めたりすることにより行われる。

 Q9 循環系（心臓血管系）の働きと構造について正しいものを2つ選びなさい。

A．左心室から送り出された血液は、大動脈、中動脈、小動脈、細動脈と進み、毛細血管に至る。

B．身体の末梢の血液が心臓に戻るルートは、細静脈、小静脈、中静脈、大静脈を順に通り、最後は右心房にたどり着く。

C．循環系は、血液によって身体諸器官に必要とされるATPや栄養素を運び込み、そこで産生された二酸化炭素や老廃物を運び去る働きをしている。

D．体循環とは、肺と身体諸器官とを直接結ぶルートであり、各器官に酸素を供給する役割を担っている。

E．肺循環において、肺動脈を流れるのは酸素化された血液、肺静脈を流れるのは脱酸素化された血液である。

 Q10 呼吸・循環系の機能の指標と調節機構について誤っているものを1つ選びなさい。

A．呼吸系の指標として最も計りやすいのが呼吸数で、安静時の呼

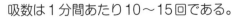

吸数は１分間あたり10〜15回である。

B．安静時の１回換気量は0.5〜1.0l、分時換気量は毎分5.0〜10.0lほどになる。

C．心拍出量とは心臓の１回の拍動で拍出される血液量のことで、成人の安静時では、60〜70ml／回程度である。

D．成人の安静時の標準的な収縮期血圧と拡張期血圧は120mmHgと80mmHgほどであり、収縮期血圧と拡張期血圧の差を脈圧という。

E．呼吸系の調節は呼吸中枢によって、循環系の調節は心臓中枢と血管運動中枢によって行われるが、これら３つの中枢はどれも延髄に存在する。

Q11 運動時の呼吸・循環機能の変化について誤っているものを１つ選びなさい。

A．運動強度の増加に伴い、呼吸数と１回換気量が増加して、分時換気量が増加する。

B．運動時の心拍数は、運動強度にほぼ比例して直線的に増加していく。

C．１回拍出量は、中等度の運動強度までは強度とともに増加していくが、それ以降は強度が高まるにつれてわずかながら減少していく。

D．心拍出量は運動強度に比例して増加するが、この増加は、中等度の運動強度までは心拍数と１回拍出量の増加によって、それより高い運動強度では主に心拍数の増加によってもたらされる。

E．運動時の心拍出量の増加に伴い酸素需要の高い組織への血流量が増えるいっぽう、酸素需要の低い組織への血流量は減少する。

Q12 運動時の血圧の変化について正しいものを1つ選びなさい。

A. 収縮期血圧は、運動強度が高くなっても増加することは少ない。

B. 拡張期血圧は、運動強度が高くなるに従って直線的に増加する。

C. 運動後は、収縮期・拡張期いずれも血圧が低下する傾向がある。

D. ランニングのように全身の多くの骨格筋を活動させるような運動では、骨格筋内の血管が収縮し、血管抵抗を上昇させるため、拡張期血圧は徐々に増加することもある。

E. 運動後に血圧が下がる現象のことを、運動後余剰酸素消費という。

 Q13 無酸素性閾値（換気性閾値）について正しいものを1つ選びなさい。

A. 換気量は酸素摂取量および運動強度に完全に比例し、その関係は直線的である。

B. 無酸素性閾値（AT）とは、運動に必要なエネルギーを有酸素系のみでは十分にまかなえずに、無酸素系が多量に動員され始めるポイントである。

C. AT以上の運動では、乳酸などの代謝産物の蓄積や血圧上昇が少ない。

D. AT未満の運動強度では、運動時のほとんどのATPの再合成はATP-CP系と解糖系によって行われる。

E. 高齢者や有病者の安全なトレーニングの強度設定としては、ATを超える程度がよい。

Q14 酸素摂取量と最大酸素摂取量について誤っているものを1つ選びなさい。

A．酸素摂取量とは、1分間あたりに肺から体内に取り込まれる酸素量のことである。

B．酸素摂取量は運動強度に比例して、横ばいになることなく直線的に増加していく。

C．最大酸素摂取量は、酸素を取り込む呼吸系、取り込まれた酸素を活動筋へ運搬する循環系、そして運搬されてきた酸素を活動筋で使う酸素利用能の総合能力によって決まる。

D．青年期における最大酸素摂取量は、男性は33～55ml／kg／分、女性は30～50ml／kg／分が目安とされる。

E．最大酸素摂取量は、心拍出量（ml／分）と動静脈酸素較差（ml／ml：%）の積で表すことができる。

 Q15 酸素借と酸素負債について誤っているものを1つ選びなさい。

A．酸素借とは、運動開始から酸素摂取量が定常状態に達するまでの間に生ずる一時的なエネルギー不足分が、無酸素系のエネルギー供給によりまかなわれることをいう。

B．酸素負債とは、運動終了後しばらく息がはずみ、安静時よりも酸素摂取量の高い状態が続くことをいう。

C．酸素借は、無酸素系代謝により、酸素負債は有酸素系代謝により補われている。

D．最大酸素借は、2～3分で疲労困憊（こんぱい）に至るような最大酸素摂取量の120～130%の強度の運動遂行時に観察される。

E．最大酸素借を高めるためには、ATレベルの有酸素系トレーニングが有効である。

Q16 持久的トレーニングによる呼吸循環系の適応について誤っているものを1つ選びなさい。

A．持久的トレーニングにより、安静時の1回拍出量と心拍数が減少するため、分時心拍出量は減少する。

B．左心室の内腔（ないくう）が拡大するのに加えて左心室の収縮力も強化されるため、最大運動中の1回拍出量は、著しく増大する。

C．毛細血管の密度が増加し、動脈や静脈も血管径が太くなる。

D．呼吸循環系の適応で減少する項目は、安静時心拍数、最大運動中の心拍数、血圧である。

E．血管の発達は、運動を活発に行う活動筋の血管でのみ見られ、運動により血流量が増えない非活動筋や内臓、脳への血管では見られない。

Q17 運動と血液・体液について正しいものを1つ選びなさい。

A．血液の役割は、酸素・栄養素・疲労物質などの運搬や除去、ホルモンや情報伝達物質の運搬、免疫による身体の防御、体温や発汗の調節などである。

B．体液は、酸素、糖、脂肪などの運動の遂行に不可欠な代謝に関連する物質の運搬を担っている。

C．血液は、約20%の血漿（けっしょう）成分と、約80%の血球成分に分けることができる。

D．体液は、細胞内液が20%、細胞外液が80%を占める。

E．細胞外液は、血液の液体成分である血漿やリンパ液といった管内液と細胞間質液などの管外液に分類される。

運動と免疫・発汗について誤っているものを1つ選びなさい。

A．白血球は、身体に侵入した病原体を破壊する役割を担っている。

B．高強度の運動後は、NK細胞や血漿中の免疫グロブリンが減るため、免疫系の抑制が起こる。

C．激しい運動後の、風邪などの感染症にかかりやすくなった状態のことをオープンウィンドウという。

D．発汗は、運動中の体温・筋温を上昇させる重要な生理現象である。

E．運動中の大量の発汗は、熱中症のような危険な状態を招くおそれがあるので、水分補給などに十分配慮する必要がある。

 成長期における体力・基本的動作スキルの発達について誤っているものを1つ選びなさい。

A．最大酸素摂取量は、13歳以降に男女の差が著しくなり、男性のほうが高くなる。

B．男女の筋力差は、13歳以降に男性のほうが大きくなっていくが、これはエストロゲンの分泌が盛んになることが影響していると考えられる。

C．歩行と走行について、7歳頃に成人と同じ動作パターンが獲得される。

D．立幅とびについて、6歳の時点で両足同時踏み切り動作が確立され、7〜8歳で動作パターンはほぼ完成する。

E．投動作について、男子の場合、12歳でほとんど完成されたオーバーハンドスロー動作が完成する。

● 35

Q20 成人以降の加齢に伴う体力・運動能力の低下について正しいものを2つ選びなさい。

A．筋力の指標である握力は、20歳をピークに加齢とともに低下していく。

B．1日あたりの歩数が多い高齢者ほど、怪我をしやすく、乳酸性閾値や脚の伸展パワーが低くなる。

C．基本的な日常生活をするために最低必要な最大酸素摂取量は、12〜13ml／kg／分といわれている。

D．健康的で活動的な生活を送るために必要な最大酸素摂取量は、20ml／kg／分程度以上とされている。

E．最大酸素摂取量は、有酸素性トレーニングの実践により低下を完全に食い止めることができる。

Answer

運動生理学では、運動するときに私たちの体の中で何が起こっているのかを学びます。効果的な運動プログラムを構成し、説得力のある説明をするための基礎となりますので、どのポイントもしっかりと押さえる必要があります。

第2章

問題

解答・解説

A1 神経系の分類

正解 E

A.○ 記述のとおりです。神経系は、脳・脊髄からなる**中枢神経系**と、脳神経・脊髄神経からなる**末梢神経系**で構成されています。

B.○ 記述のとおりです。

C.○ 記述のとおりです。**運動神経**は体の中枢から末梢へ、**感覚神経**は体の末梢から中枢へと指令や情報を伝達します。

D.○ 記述のとおりです。**交感神経**が働くと、心拍数の増加、血圧の上昇、消化の抑制などの反応が起こり、体が活動するのに適した状態になります。反対に**副交感神経**が働くと、体が休むのに適した状態になります。

E.✕ Aの記述の脳神経が12対、脊髄神経が31対あります。

神経系	中枢神経系	脳		
		脊髄		
	末梢神経系	解剖学的分類	脳神経（12対）	
			脊髄神経（31対）	
		機能的分類	体性神経	運動神経
				感覚神経
			自律神経	交感神経
				副交感神経

A2 不随意運動と随意運動

正解 D

A. ◯ 記述のとおりです。不随意運動には、**反射**と**定型運動（自動運動）**があります。

B. ◯ 反射の例としては、熱いものに触れたときに、とっさに肘^{ひじ}が屈曲して手を引っ込めるなどの動作も挙げられます。

C. ◯ 記述のとおりです。

D. ✕ 定型運動は反復性をもつ運動であり、<u>不随意運動に分類されます</u>。いったん開始されると、反射と同じように**まったく無意識に行うことができます**。

E. ◯ 中枢神経系からの指令の流れの概要は、次のとおりです。

| 1．運動の発動欲求 |：大脳辺縁系からの指令と考えられています。

↓

| 2．運動プランの作成 |：皮質連合野で作成されます。

↓

| 3．運動プログラム・戦略の選択と形成 |：すでに記憶されている中から選択されるか、新たに形成されます。運動前野、補足運動野が小脳や大脳基底核と連絡をとりながら行われます。

↓

| 4．運動の実行 |：形成された運動プログラムは脊髄内を下降し、α運動ニューロンを経由して筋に伝えられます。

A3 骨格筋の収縮と運動単位

正解　B

A.◯ 記述のとおりです。骨格筋の構造を表したものが、下の図です。

B.✕ 前半は記述のとおりです。ミオシン（太い）フィラメントの頭部がアクチン（細い）フィラメントをたぐり寄せることで、筋が収縮すると考えられています。

C.◯ 運動神経を構成するα運動ニューロンは**神経筋接合部**で筋線維と接合し、そこでアセチルコリンが放出されると、筋線維に興奮が生じて活動電位が起こります。

D.◯ 記述のとおりです。1つのα運動ニューロンは、細かい動きをする筋では数本から数十本、大きな力を出す筋では数千本の筋線維を支配しています。

E.◯ 記述のとおりです。筋が発揮する力を大きくするためには、筋を太くするだけでなく、神経系の働きを高める必要があります。かけ声を出したり声援を受けたりすることによって通常よりも大きな力が発揮されることは、一時的に神経系の働きが高まるためと考えられています。

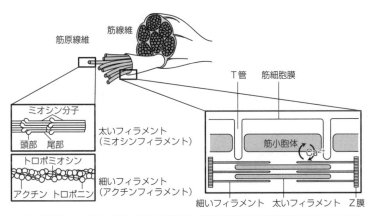

出典：公益財団法人　健康・体力づくり事業財団『健康運動実践指導者養成用テキスト』

A4 筋収縮のためのエネルギー

正解　B

A.◯ 記述のとおりです。**ATP**はアデノシン3リン酸（adenosine triphosphate）、**ADP**はアデノシン2リン酸（adenosine diphosphate）の略です。ATPのT（tri）は3を、ADPのD（di）は2を表します。

B.✕ 無酸素性エネルギー供給機構のうち、__ATP-CP系は乳酸を発生しないので非乳酸系、解糖系は乳酸を発生するので乳酸系__と呼ばれることもあります。

C.◯ 記述のとおりです。ATP-CP系は、エネルギー供給速度が最も速く、運動開始直後はこのエネルギーシステムが利用されます。

D.◯ 記述のとおりです。

E.◯ 記述のとおりです。**有酸素性エネルギー供給機構**では、主に**脂肪**と**糖質**、ときに**たんぱく質**を使ってATPを再合成します。

A5 筋線維のタイプと収縮特性

正解　D

A.✕ 骨格筋は見かけ上の色から**赤筋**と**白筋**に分類されます。この色の違いは**ミオグロビン**の含有量の違いによるもので、赤筋に多く含まれます。赤筋は遅筋とも呼ばれ、収縮速度が遅いが持久力に優れています。白筋は速筋のことです。

B.✕ 骨格筋内にはさまざまなタイプの筋線維が__モザイク状に分布__しています。規則的に配列していません。

C.✕ 世界レベルのマラソンランナーの筋は、タイプⅠ線維の割合が高く、**80％以上を占める**といわれています。

D.◯ 記述のとおりです。各分類間の対応関係を整理しておきましょう。

E.✕ FOG線維は、タイプⅡA線維と同義であり、FG線維がタイプⅡB線維と同義です。

見かけ上の色による分類

赤筋	色の違いはミオグロビンの含有量の違い。ミオグロビンは赤筋に多い。
白筋	

収縮速度による分類

遅筋	収縮速度が遅いが持久力にすぐれている。赤筋も同様。
速筋	速く収縮できるが疲れやすい。白筋も同様。

ATP分解酵素の能力による分類

タイプⅠ線維	ミオシンATP分解酵素の能力が低く、収縮する速度が遅い。
タイプⅡ線維	ミオシンATP分解酵素の能力が高く、収縮する速度が速い。タイプⅡA線維、タイプⅡB線維と分ける方法もある。

収縮速度の違い＋持久力の違いによる分類

SO線維	収縮速度が遅いが酸化系の能力が高く疲労しにくい。
FOG線維	収縮速度が速く、解糖系と酸化系の能力が両方とも高いため、疲労しにくい。
FG線維	収縮速度は最も速いが、すぐに疲労してしまう。

A6 筋収縮の様式と筋力

正解 E

A.◯ 記述のとおりです。**短縮性収縮はコンセントリック・コントラクション**ともいいます。なお、短縮性収縮と選択肢C.の伸張性収縮は、ともに**等張性収縮（アイソトニック・コントラクション）**に分類されます。

B. ○ 記述のとおりです。**等尺性収縮**は、**アイソメトリック・コントラクション**ともいいます。

C. ○ 記述のとおりです。**伸張性収縮**は、**エキセントリック・コントラクション**ともいいます。

D. ○ 記述のとおりです。関節角度についていえば、100度付近で最大筋力が発揮されます。また、筋の横断面積や支配神経の放電パターン、運動単位の動員などによっても発揮される筋力は左右されます。

E. ✕ 固有筋力は性別や人種による差は<u>少ない</u>と考えられています。固有筋力に関する説明は、問題文の記述のとおりです。

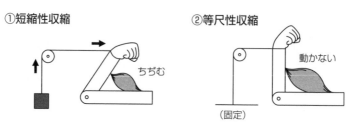

①短縮性収縮　　　　　　　②等尺性収縮

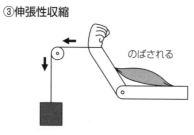

③伸張性収縮

出典：公益財団法人　健康・体力づくり事業財団『健康運動実践指導者養成用テキスト』

A7 骨格筋における筋力トレーニングの効果

正解　D

A. ✕ 筋力トレーニングに伴う筋力の増加は、骨格筋の肥大だけ
ではなく、特にトレーニングの初期段階は神経系の働きの
変化が関係しています。

B. ✕ 随意的に最大筋力を発揮しようとするとき、筋線維の20
～30%は休んでいる状態にあるといわれています。

C. ✕ 筋力トレーニングを開始して数週間は、筋力増大はみられ
ますが骨格筋の肥大はあまり観察されません。

D. ◯ 記述のとおりです。

E. ✕ 筋肥大を目的としたトレーニングは、3ヵ月以上のトレー
ニング期間が必要といわれています。

A8 呼吸器系

正解　A

A. ✕ 運動を持続させるためのエネルギー供給機構は、ATP-CP
系ではなく有酸素系代謝です。その他は記述のとおりで、
この働きを**ガス交換**といいます。

B. ◯ 記述のとおりです。

C. ◯ 外気の流れは、鼻腔、咽頭、喉頭、気管と進み、気管は2本
の気管支に分かれて左右の肺に入り、細気管支、終末細気
管支、呼吸細気管支、肺胞管、肺胞囊、肺胞で終わります。

D. ◯ 記述のとおりです。

E. ◯ 記述のとおりです。

A9 循環系（心臓血管系）

正解　A、B

A. ◯ 記述のとおりです。心臓の**左心室**から送り出された血液は、大動脈から中動脈、小動脈、細動脈へと枝分かれして進み、毛細血管に到達します。そして、細静脈、小静脈、中静脈、大静脈を経て、心臓の右心房に戻り、さらに右心室から送り出されて、肺に流れます（詳細は右図参照）。

B. ◯ 記述のとおりです。太い静脈には血液の逆流を防ぐための弁がついており、この弁と静脈を取り囲んでいる筋の収縮・弛緩（しかん）の働きによって、**筋ポンプ作用**が起きます。

C. ✕ 循環系は血液を送り出す心臓と、血液の輸送経路である血管から成り立っています。諸器官で必要とされる酸素や栄養素は、血液によって運ばれます。

D. ✕ **体循環**とは、**酸素化された血液**が左心室から大動脈を介して全身に運ばれ、大静脈を介して心臓へ戻ってくる経路のことです。記述のようなルートは存在しません。

E. ✕ **肺循環**は、右心室から肺動脈を介し、**脱酸素化された血液**を肺に運びます。肺で酸素化された血液は肺静脈を通って左心房に戻ってきます。このあたりは間違えやすいので、注意が必要です。

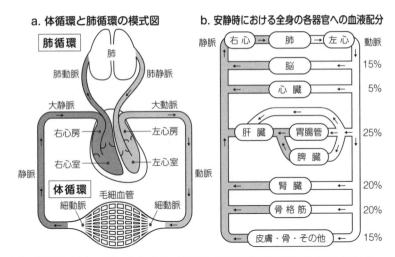

a. 体循環と肺循環の模式図

肺循環

肺

肺動脈　　　肺静脈

大静脈　　　大動脈

右心房　　　左心房

右心室　　　左心室

静脈　　　動脈

体循環　毛細血管

細動脈　　　細動脈

b. 安静時における全身の各器官への血液配分

静脈　右心 → 肺 → 左心　動脈

脳　15%

心臓　5%

肝臓　胃腸管　25%

脾臓

腎臓　20%

骨格筋　20%

皮膚・骨・その他　15%

出典：公益財団法人　健康・体力づくり事業財団『健康運動実践指導者養成用テキスト』

A10 呼吸・循環系の機能の指標と調節機構

正解　C

A.◯ 記述のとおりです。

B.◯ 記述のとおりです。**1回換気量**とは、1回の呼吸で吸い込まれる（吐き出される）空気量のことです。また、**分時換気量**（l／分）とは1分間あたりの呼吸量のことであり、次の計算式で求めることができます。

> 呼吸数（回／分）×1回換気量（l／回）

C.✕ 記述は**1回拍出量**の説明です。**心拍出量**（l／分）とは1分間あたりの心臓が拍出した血液量のことで、**心拍数（拍／分）×1回拍出量（l／回）**で求めることができます。なお、**心拍数**（heart rate：HR）は、1分間あたりの心臓の拍動数のことで、成人の安静時心拍数は毎分60〜80拍程度です。

D.◯ 記述のとおりです。**血圧**とは血流が血管内壁面を垂直に押す圧力のことです。**収縮期血圧は最高血圧、拡張期血圧は最低血圧**のことをいいます。

E.◯ 記述のとおりです。呼吸中枢は、大脳・肺・動脈などから集まった情報を統合し、呼吸筋に収縮・弛緩の指令を出すことによって、呼吸数や1回換気量を調節します。いっぽう、心臓の拍動は、心臓中枢から心臓に連絡される**交感神経**と**副交感神経**によって調節されており、交感神経が心ポンプ機能の促進に、副交感神経が抑制にそれぞれ作用します。

A11 運動時の呼吸・循環機能の変化

正解　C

A.◯ 記述のとおりです。

B.◯ 記述のとおりです。最大酸素摂取量が得られるようなリズミカルで持続的な全身の高強度運動時に心拍数が最大に達しますが、これを**最高心拍数（HRmax）**といいます。最高心拍数は、青年期以降加齢とともに低下しますが、一般的な年齢別の**最高心拍数は（220−年齢）**で求められます。

C.✕ 前半は記述のとおりです。中等度よりも高い運動強度では<u>変化しないか、若干増加します</u>。

D.◯ 記述のとおりです。なお、有酸素系の持久的スポーツを行った結果、1回拍出量が極端に増加した心臓は**スポーツ心臓**と呼ばれます。

E.◯ 記述のとおりです。これを血流再分配といい、運動中は骨格筋への血流量が増え、内臓への血流量は減少します。

A12 運動時の血圧の変化

正解　C

A. ✕ 収縮期血圧は、運動強度が高くなるにつれて、ほぼ直線的に増加します。

B. ✕ 拡張期血圧は、収縮期血圧と比べると、それほど大きな変化は見られません。

C. ○ 記述のとおりです。これは、心臓から送り出される血液量が減っているにもかかわらず血管拡張が維持され、血管抵抗が低い状態がしばらく続くことによって起こります。

D. ✕ ランニングのように全身の多くの骨格筋を活動させるような運動では、骨格筋内の血管が拡張し、血管抵抗を低下させるため、拡張期血圧は徐々に低下することもあります。

E. ✕ 運動後に血圧が下がる現象のことを、運動後低血圧といいます。運動後余剰酸素消費は、酸素負債（EPOC）と呼ばれるものです。

A13 無酸素性閾値（換気性閾値）

正解　B

A. ✕ 換気量は酸素摂取量および運動強度にほぼ比例しますが、その関係は直線的ではなく、中程度の運動強度で換気量増加の割合が上昇します。この上昇点が**無酸素性閾値（AT）**あるいは**換気性閾値（VT）**と呼ばれています。

B. ○ ATを超えると、無酸素系エネルギー供給によって産生される血中乳酸、水素イオン、カリウムイオンの濃度が増加するため、換気量が増加します。

C. ✕ AT未満の運動強度では、乳酸などの代謝産物の蓄積や血圧上昇が少ないことから、ATが高齢者や有病者の安全なトレーニング強度の上限指標として利用されます。

D. ✕ AT未満の運動強度では、ほとんどのATPの再合成は有酸素系エネルギー供給によってまかなわれます。

E. ✕ 高齢者や有病者の安全なトレーニングの強度設定としては、ATを上限の指標とします。

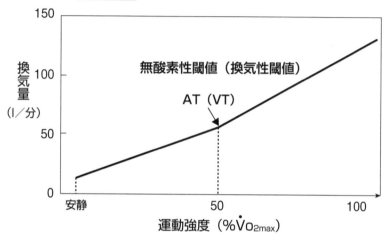

出典：公益財団法人　健康・体力づくり事業財団『健康運動実践指導者養成テキスト』

A14 酸素摂取量と最大酸素摂取量

正解　B

A. ◯ 記述のとおりです。**酸素摂取量**の単位は、**体重1kgあたり1分間あたりに何mlを取り込むことができるか**を表し、ml／kg／分（あるいはml／分・kg）を用います。

B. ✕ 酸素摂取量は運動強度に比例して直線的に増加しますが、ある強度を境にそれ以上は増加せず、横ばいの状態になります。これをレベリングオフ現象といい、このときの最大の値を**最大酸素摂取量**と呼びます。

C. ○ 最大酸素摂取量は記述のとおり、次の３つの総合能力によって決まります。

① 酸素を取り込む呼吸系の能力

② 取り込まれた酸素を活動筋へ運搬する循環系の能力

③ 運搬されてきた酸素を活動筋で使う能力

D. ○ 記述のとおりです。最大酸素摂取量が、男性のほうが女性よりも多いのは、筋量が多く、脂肪が少ないことによります。しかし、**除脂肪体重あたりに換算すると、男女差はほとんどなくなります。**

E. ○ 記述のとおりです。

A15 酸素借と酸素負債

正解　E

A. ○ **酸素借**については、記述のとおりです。酸素借が大きくなるほど、無酸素系によるエネルギー供給への依存が高まり、高強度の運動が遂行できますが、疲労困憊までの時間が短くなります。

B. ○ **酸素負債（EPOC）**については、記述のとおりです。酸素借と酸素負債の関係は、必ずしもイコールではなく、**「酸素借＜酸素負債」**であることがわかっています。

C. ○ 記述のとおりです。

D. ○ 記述のとおりです。**最大酸素借**が見られるのは、最大酸素摂取量の100％以上の運動強度です。最大酸素借は、短・中距離走などの無酸素性運動能力の指標となります。

E. ✕ 最大酸素摂取量が増加するような有酸素系トレーニングを行っても、最大酸素借を増加させることはできません。最

第2章 問題 解答・解説

大酸素借を高めるためには、筋量が増加するような筋力トレーニングや無酸素系代謝を高めるようなスプリントトレーニング、高強度インターバルトレーニングの実施が不可欠です。

A16 持久的トレーニングによる呼吸循環系の適応

正解　A

A.✗ 安静時の1回拍出量は増加します。しかし、心拍数が減少するため、それらの積である分時心拍出量は一定に保たれます。

B.○ 記述のとおりです。ちなみに、持久的トレーニングによる心拍出量の増加は、最大酸素摂取量の増加の主要な要因となります。

C.○ 記述のとおりです。活動筋への血液を供給する**毛細血管の密度が増加**し、さらにその上流と下流に位置する動脈・静脈も**血管径が太くなります**。

D.○ 記述のとおりです。毛細血管の密度の増加、血管径の増大により、多くの血液を少ない負荷で送ることができるようになるため、血圧の低下につながります。

E.○ 記述のとおりです。

A17 血液・体液

正解　E

A.✗ 体液に関する記述です。

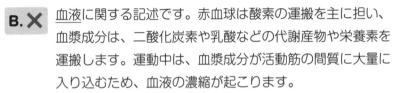

第2章
問題
解答・解説

B. ✕ <u>血液</u>に関する記述です。赤血球は酸素の運搬を主に担い、血漿成分は、二酸化炭素や乳酸などの代謝産物や栄養素を運搬します。運動中は、血漿成分が活動筋の間質に大量に入り込むため、血液の濃縮が起こります。

C. ✕ 血液は、<u>約60%</u>の透明な液体である血漿成分と、<u>約40%</u>の小さな細胞の集まりである血球成分に分けられます。血漿成分は、ナトリウム、カリウム、カルシウムなどの無機イオン、糖や脂肪のような栄養素、アルブミン、グロブリンにフィブリノーゲンなどを加えた血漿たんぱくを含んでいます。血球成分は、赤血球と白血球を含んでいます。

D. ✕ ヒトの全体液の<u>約60%</u>が細胞内液、<u>約40%</u>が細胞外液です。

E. ◯ 細胞外液のうち、約10%が血漿やリンパ液といった管内液、約30%が細胞間質液などの管外液に分類されます。

A18 免疫

正解　D

A. ◯ 記述のとおりです。運動は、この免疫機能に影響を及ぼします。

B. ◯ 記述のとおりです。高強度の運動後は、NK（ナチュラルキラー）細胞や血漿中の免疫グロブリンが減るため、免疫系の抑制が起こります。

C. ◯ オープンウィンドウとは、高強度運動後に起こる、病原体に感染しやすい状態のことをいいます。病原体に対して窓を開け放ち、その結果として感染症になりやすいことを例えてこういいます。

D. ✕ 発汗は、運動中の<u>体温上昇を抑制する</u>重要な生理現象です。体温調節と発汗は密接に関連しています。

E.○ 記述のとおりです。大量の発汗により体液が減少すると、体温調節機能だけでなく、様々な恒常性維持機能（身体が通常状態を維持し続けようとする働き）に影響を及ぼします。熱中症は、様々な恒常性維持機能が破綻をきたした状態です。

A19 成長期における体力・基本的動作スキルの発達

正解　B

A.○ 記述のとおりです。最大酸素摂取量は、男子は12〜15歳ごろの増加が著しく、19歳ごろまで増加し、女子は15歳ごろにほぼ最大値に近づきます。

B.✕ 筋力を測る指標の1つである握力は、男子は13〜16歳ごろの増加が著しく、女子は14〜15歳ごろから増加がゆるやかになります。このような性差は、**男性ホルモンとも呼ばれるテストステロン**のたんぱく同化（筋肉を増やす）作用によるものと考えられています。ちなみに、エストロゲンは女性ホルモンとも呼ばれます。

C.○ 〈歩行〉乳児が支えなしに1人歩きができるようになるのは、1歳から1歳半です。2歳ではかかとからの着地を覚え、3歳で着地のしかたや上肢の振りがほぼ完成し、足の蹴り出しが強くなってきた**7歳以上で成人と同様の歩行パターン**が獲得されます。

〈走行〉1歳半ごろに初歩的な走る動作が見られますが、ピッチが遅く、歩幅も狭いままです。2歳前後になると転倒せずに走れるようになりますが、姿勢制御やバランス感覚が未熟なため歩幅が伸びません。それ以降、年齢とともに急速に上達し、**6〜7歳**ごろまでには成人の走りに近づきます。

D. ⭕ 記述のとおりです。

E. ⭕ 男子の場合、12歳で足の踏み込み、上体の反り、フォロースルーでの体重の移動など、ほとんど完成されたオーバーハンドスロー動作が見られます。

A20 成人以降の加齢に伴う体力・運動能力の低下

正解 C、D

A. ❌ 筋力の指標の1つである握力は、<u>20歳から50歳ごろまで大きな変化はなく、50歳以降に加齢とともに低下</u>していきます。

B. ❌ 1日あたりの歩数が多い高齢者ほど、乳酸性閾値（ATやVTとほぼ同値）や脚伸展パワーが<u>高い</u>ということが知られています。高齢者は、日常生活の中でよく歩くことがこれらの能力の低下を防ぐことにつながります。

C. ⭕ 記述のとおりです。この値を下回るようになると、他人の介助や補助具なしでは体を動かすことが難しくなります。

D. ⭕ 記述のとおりです。

E. ❌ 運動実践の効果という**後天的要因**以上に、**遺伝子に組み込まれた加齢現象の影響**があるので、<u>最大酸素摂取量は低下</u>していきます。つまり、有酸素性トレーニングを実践しても、低下を完全に食い止めることはできません。しかし、どの年代でも、運動の実施頻度と実施量が多いほど、最大酸素摂取量が高いレベルにあります。

機能解剖と
バイオメカニクス

筆記試験「ここが重要！」

※★の数が多いほど、重要分野になります。優先順位をつけて学習すると効率的に学習できます。

【第3章　機能解剖とバイオメカニクス】

① 身体運動に関係する筋と骨

★★★ 筋

- 筋には骨格筋、心筋、内臓筋の3種類があり、骨を動かすのが骨格筋です。
- 骨格筋の骨の付着部のうち、身体の中心に近いほうを起始、遠いほうを停止といいます。
- 養成用テキスト『図3-1　知っておくべき骨格筋の名前』にある骨格筋の名前を覚えておきましょう。

★★　紡錘筋と羽状筋

- 紡錘筋は大きく速く動かすことに適しています。
- 羽状筋は大きな力を発揮することに適しています（生理学的横断面積が大きいため）。

★★★ 骨

- 骨は形状によって、長骨、短骨、扁平骨、不規則形骨に分類されます。
- 養成用テキスト『図3-7　知っておくべき骨の名前』にある骨の名前を覚えておきましょう。

★★　関節

- 関節は、関節面、関節包、関節腔および特殊装置から構成されています。

② 単関節・多関節運動

★★　関節運動

- 1つの関節を介した運動を単関節運動、それを組み合わせた運動を多関節運動といいます。
- 養成用テキスト『図3-10　主な関節運動の一覧』に記載されている動きを、実際に体を動かしながら覚えましょう。
- 矢状面：屈曲・伸展、掌屈・背屈（手関節）、背屈・底屈（足関節）
- 前額面：内転・外転、側屈（首・下背部）、尺屈・撓屈（手関節）、内がえし・外がえし（足関節）

・水平面：内旋・外旋、水平内転・水平外転、回内・回外（橈尺関節）、回旋（首・下背部）

3 筋腱複合体の弾性要素と弾性エネルギーが利用できる運動様式
★★　　弾性エネルギーの利用
・筋をすばやく伸張→短縮することで、直列弾性要素に弾性エネルギーを蓄え、利用することができます。

4 着地衝撃とその緩和法
★　　着地衝撃の緩和
・ランニングの接地時や高いところからの着地時は、膝のクッションを使えば、地面からの力を受け止める時間が長くなるため、衝撃を小さくすることができます。

5 投動作と打動作の共通点
★　　力学的パワー
・力学的パワー＝力×速さであり、筋量が多いほど大きなパワーを生み出すことができます。

6 運動と流体力
★　　抗力と揚力
・物体が流体中を移動するのを妨げるように働く力のうち、移動と逆向きの成分を抗力、それに対して直角上向きの成分を揚力といいます。

Chapter 3

機能解剖と
バイオメカニクス

Question

Q1

身体運動に関係する筋について正しいものを1つ選びなさい。

A．全身の筋のすべてが骨格筋である。

B．骨格筋は、重量にして体重の約50〜60％を占める。

C．骨格筋は、関節をまたいで両端の筋で骨に付着している。

D．身体の中心から遠いほうの付着部を起始、近いほうの付着部を停止という。

E．上腕二頭筋や上腕三頭筋は、起始が複数ある。

Q2

身体運動に関係する筋について正しいものを1つ選びなさい。

A．筋線維の走行は、羽状筋（うじょうきん）はまっすぐ走行しており、紡錘筋（ぼうすいきん）は斜めに走行している。

B．羽状筋は、大きく速く動かすことに適しており、紡錘筋は大きな力を出すことに適している。

C．紡錘筋のほうが、羽状筋よりも多く短縮することができる。

D．生理学的筋横断面積とは、両端の腱を結んだ線に対して垂直に切った断面積のことである。

E．解剖学的筋横断面積とは、筋線維の走行に対して垂直に切った断面積のことである。

筋の力発揮について誤っているものを１つ選びなさい。

A．10kgのダンベルを持ってアームカールを行う場合、テコ比を５とすると、上腕二頭筋が発揮している真の筋力は50kgである。

B．筋原線維の長さ－張力関係とは、アクチンフィラメントとミオシンフィラメントの重なる度合いによって、発揮できる力が変わることである。

C．肘関節における関節角度－トルク関係を見ると、伸展、屈曲いずれも関節角度90度付近が、最も大きな仕事ができる。

D．膝関節における関節角度－トルク関係を見ると、屈曲動作では、屈曲角度が大きくなるほど発揮できるトルクは低下する。

E．短縮局面で、速く短縮すると大きな力が発揮できないという現象は、筋の力－関節角度関係によって説明できる。

第3章 問題 解答・解説

骨について正しいものを１つ選びなさい。

A．上腕骨や大腿骨は、短骨に分類される。

B．扁平骨とは、頭頂骨や肩甲骨など、扁平な形をした骨をいい、不規則形骨とは、椎骨や下顎骨など、不規則な形をした骨をいう。

C．体軸性骨格とは、頭蓋骨、脊柱からなり、付属性骨格とは、胸郭、胸骨、肩甲骨、鎖骨から遠位の上肢の骨と、骨盤から遠位の下肢の骨からなる。

D．長骨は、骨膜の中に骨質があり、さらにその中には骨髄があるという扁平構造になっている。

E．骨の役割には、筋力を生み出す機能、立位や座位などで身体を

支える機能、内臓などを保護する機能、骨髄での造血作用がある。

 骨密度について誤っているものを1つ選びなさい。

A．加工品、インスタント食品などに含まれるリン酸塩を多く摂ると、カルシウムの利用効率が向上する。

B．骨の無機成分は、カルシウム、リン酸、炭酸、クエン酸イオンなどが挙げられる。

C．運動を行って骨に刺激を与えると、カルシウムが骨に沈着しやすくなる。

D．運動習慣のある人のほうが、ない人に比べて骨密度が高いと考えられる。

E．女性では、閉経後、骨粗鬆症が増える傾向にあるので、中高年になったら、カルシウムおよびたんぱく質の十分な摂取と適切な運動をそれまで以上に心がけるべきである。

 関節について正しいものを1つ選びなさい。

A．関節は、関節面、関節包、関節腔および補強靭帯などの特殊装置から構成されている。

B．関節は、隣接する骨の両面に少なくとも2つの関節面を持っており、関節面の表面は多くの場合、線維軟骨で覆われている。

C．関節包は、互いに隔てられた骨を独立させ、関節腔を外部に対して閉じたものにしている。

D．滑液は、粘性のない透明な液であり、潤滑作用のほか、軟骨に

栄養を与える働きも持っている。

E．靱帯は、その機能により、関節包のための「支持靱帯」、運動時の「抑制靱帯」、運動制限のための「補強靱帯」に分けることができる。

Q7　矢状面の運動について誤っているものを１つ選びなさい。

A．手関節における矢状面の運動には、テニスのサーブやラケット競技のバックハンド動作が挙げられる。

B．肘関節における矢状面の運動には、ボーリングの投球動作やボクシングのジャブ動作が挙げられる。

C．肩関節における矢状面の運動には、ボクシングのフック動作やベントオーバー・ラテラルレイズが挙げられる。

D．股関節における矢状面の運動には、短距離走の動きやレッグレイズが挙げられる。

E．膝関節における矢状面の運動には、飛び込みの膝抱え動作やレッグ・エクステンションが挙げられる。

Q8　前額面の運動について誤っているものを１つ選びなさい。

A．肩関節における前額面の運動には、平泳ぎやワイドグリップ・プルダウンが挙げられる。

B．首における前額面の運動には、ネックマシンにおける前後の屈曲・伸展動作が挙げられる。

C．下背部における前額面の運動には、体操競技の側転やサイドベンドが挙げられる。

D．股関節における前額面の運動には、マシンでのアダクションや
　　アブダクションが挙げられる。

E．足関節における前額面の運動には、内がえしや外がえし運動が
　　含まれる。

 水平面の運動について誤っているものを１つ選びなさい。

A．肩関節における水平面で、上腕が体幹に対して90度の肢位で
　　の運動には、テニスのフォアハンドやバックハンド、ダンベルフ
　　ライが挙げられる。

B．肩関節における水平面で、上腕骨の回旋を含む運動には、腕相
　　撲の動きや野球のピッチング動作が挙げられる。

C．首における水平面の運動には、顔を左右に向けるような回旋動
　　作が挙げられる。

D．股関節における水平面の運動には、ピボット動作のような内
　　旋・外旋動作が挙げられる。

E．下背部における水平面の運動には、頭上を通したメディシン
　　ボールのフック投げやバスケットボールのフックショットが挙げ
　　られる。

 **多関節運動と単関節運動について正しいものを１つ選びな
さい。**

A．首や下背部の動きのような脊柱を介しての動きは、単関節運動
　　として考える。

B．１つの関節を介した運動を多関節運動、それを組み合わせた単
　　純な運動を単関節運動という。

C．身体の端で大きなパワーを発揮する多関節運動においては、一般には二関節筋でパワーを生み出し、単関節筋でそれを身体の端へと伝達する。

D．レッグエクステンション、リストカール、レッグカールは単関節運動である。

E．ワイドグリップ・ミリタリープレス、ベントオーバー・ラテラルレイズは多関節運動である。

 Q11 スクワットジャンプのメカニズムについて正しいものを1つ選びなさい。

A．スクワットジャンプは、股関節の伸展、膝関節の伸展、足関節の背屈という多関節運動である。

B．スクワットジャンプの関節運動の順序は、まず体幹がかがみ込むことによって股関節が伸び、続いて膝関節が伸び、その後に足関節が伸びる。

C．動作の初期は、大殿筋、大腿四頭筋とともに大腿裏側の二関節筋群も働くので、膝は伸びずに股関節の伸展だけが起きる。

D．動作の中期は、大腿裏側の二関節筋群の働きで股関節の伸びは抑えられ、大腿四頭筋（二関節筋部）の働きが弱まるので膝が伸びる。

E．動作の後期は、下腿三頭筋が急激に活動を開始するので、膝をより伸ばすとともに、足関節が一気に伸びる。

 Q12 筋腱複合体の弾性エネルギーの利用について誤っているものを1つ選びなさい。

A．直列弾性要素は、腱とミオシン分子自体の弾性と考えられてい

る。

B．並列弾性要素は、筋線維の周囲の結合組織と筋線維細胞膜およびコネクチンフィラメントをはじめとする筋節構造維持のための細胞質と考えられている。

C．力学的仕事量〔J〕とは、力〔N〕と移動距離〔m〕との和である。

D．力学的エネルギーとは、位置エネルギーと運動エネルギーとの和である。

E．足関節のみで連続ジャンプするホッピングのときに、弾性エネルギーを蓄えて利用することによって、効率よくジャンプを繰り返すことができるというメカニズムが働いている。

Q13 着地衝撃とその緩和法について誤っているものを２つ選びなさい。

A．ランニングの着地において、膝のクッションを使わない場合には、着地衝撃が小さくなり、使う場合には大きくなる。

B．ランニングの着地において、膝のクッションを使ったほうが力積は小さくなる。

C．ランニングの着地において、膝のクッションを使っても使わなくても、運動量の変化分は等しい。

D．身体に加わる衝撃を和らげる方法の１つとして、アメリカンフットボールのプロテクターやジョギングシューズのような、力を吸収するものを身体に取り付けるという方法がある。

E．ジャンプの着地のさいに膝を曲げる動作や柔道の受身は、自らの動作によって身体に加わる衝撃を和らげる方法である。

パワーの発揮とエネルギーの伝達について正しいものを1
つ選びなさい。

A．力学的パワーは、力と速度の和である。

B．力学的パワーは、筋量に反比例する。

C．スクワットの立ち上がりで、同じ重量を3秒間で挙上した場合
と1秒間で挙上した場合とを比べると、1秒間で挙上した場合の
ほうが3倍の力学的パワーを発揮したことになる。

D．スクワットの立ち上がりで、同じ重量を3秒間で挙上した場合
と1秒間で挙上した場合とを比べると、1秒間で挙上した場合の
ほうが3倍の仕事量を発揮したことになる。

E．手や足先で発揮する力学的パワーを大きくするためには、でき
るだけ手や足先に近い箇所の筋で大きなパワーを生み出す必要が
ある。

 運動と流体力について誤っているものを1つ選びなさい。

A．空気は密度が小さく、抵抗力を感じることは少ないため、どの
ような競技であっても空気抵抗は無視できる。

B．水は密度が大きいので、移動速度が低くても抵抗力は大きくな
る。

C．抵抗力は、移動の向きに対する物体の面積が広いほど大きくな
る。

D．野球のカーブやゴルフのフックのようにボールに回転を与える
ことによって、飛ぶ方向を変化させることができるのは、マグヌ
ス効果の影響である。

E．マグヌス効果とは、ボールなどの物体の周囲の空気に生じた圧
力差によってマグヌス力が働くために起きる現象である。

Answer

この章では、運動に関する力学的な知識を学びます。解剖学や物理学といった一見とっつきにくい分野がかかわってきますが、実際のエクササイズなどにあてはめて考えてみると、意外に面白くすんなり理解できます。

A1 身体運動に関係する筋

正解　E

A. ✕ 筋には、骨格筋、心筋、内臓筋の3つがあります。このうち、骨を動かすのが**骨格筋**であり、身体運動に直接関わっています。

B. ✕ 骨格筋は重量にして**体重の約40〜50%を占めます。**

C. ✕ 骨格筋は関節をまたいで両端で腱（けん）に移行し、骨に付着しています。

D. ✕ 身体の中心に近いほうの付着部を**起始**、遠いほうの付着部を**停止**といいます。

E. ◯ 上腕二頭筋は肩甲骨に2箇所、上腕三頭筋は肩甲骨と上腕骨に合計3箇所の起始を持っています。筋は一般的に1から複数の起始（筋頭の付着部）を持ち、**停止（筋尾の付着部）は1つという基本原則**があります。

A2 身体運動に関係する筋

正解　C

A. ✕ 筋は筋線維の走行の仕方により、羽状筋（うじょうきん）・半羽状筋と紡錘筋（ぼうすいきん）に大別されます。**羽状筋**は斜めに走行しており、**紡錘筋**はまっすぐに走行しています。

B. ✕ 羽状筋は大きな力を出すことに適しており、紡錘筋は大きく速く動かすことに適しています。

C. ○ 羽状筋では筋線維が斜めに走行している分、筋としての短縮量は小さくなります（養成用テキストP.42図3-3参照）。なお、筋線維はおよそ50%短縮できるとされています。

D. ✕ D.とE.は記述が逆になっています。**生理学的筋横断面積**とは、筋線維の走行に垂直に切った断面積のことです。

E. ✕ **解剖学的筋横断面積**とは、両端の腱を結んだ線に垂直に切った断面積のことです。

第3章 問題 解答・解説

A3 筋の力発揮

正解 E

A. ○ 体を動かすさいには、関節を支点としたテコの原理が働く（次頁図参照）ため、見かけに発揮している力（例えばダンベルの重量）と筋が実際に発揮している力（真の筋力）とは異なります。本問の場合、肘関節から上腕二頭筋の停止までの距離に対し、ダンベルを持つ手までの距離が5倍あります（テコ比が5）ので、上腕二頭筋は10kgのダンベルを持ち上げるためにその5倍の50kgの力を発揮しなければなりません。一般に、真の筋力は、見かけの筋力とテコ比から次の計算式によって求められます。

真の筋力＝見かけの筋力×テコ比

B. ○ 記述のとおりです。アクチンフィラメントとミオシンフィラメントの重なりが一番大きいときに、筋は、最も大きな力を発揮でき、それより長くなっても短くなっても発揮できる力は小さくなります。

C.○ 等尺性最大筋力発揮による肘の**関節角度―トルク関係**を明らかにしたのが、養成用テキストP.43図3-5ですが、伸展、屈曲動作のいずれも、関節角度90度付近で最大のトルクを発揮しています。

D.○ 等尺性最大筋力発揮による膝の関節角度―トルク関係を見た前述のP.43図3-5によると、屈曲動作では、屈曲角度が大きくなるほど発揮するトルクが低下しています。

E.✕ 短縮局面で、速く短縮すると大きな力が発揮できないという現象は、筋の**力―速度関係**によって説明できます。

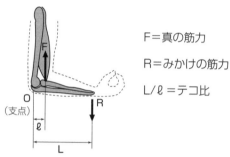

F＝真の筋力

R＝みかけの筋力

L/ℓ＝テコ比

O（支点）

R

ℓ

L

出典：福永哲夫『ヒトの絶対的筋力』杏林書院 1978

A4 骨

正解 B

A.✕ 上腕骨や大腿骨などの長細い形をした骨は、<u>長骨</u>に分類されます。

B.○ 記述のとおりです。その他に、手根骨や足根骨のような立方体に近い形をした短骨があります。

C.✕ 体軸性骨格には、胸郭と胸骨も含まれます。

体軸性骨格	頭蓋骨、脊柱、<u>胸郭、胸骨</u>
付属性骨格	肩甲骨、鎖骨から遠位の上肢の骨と、骨盤から遠位の下肢の骨

D. ✕ 長骨は、骨膜の中に骨質があり、さらにその中には骨髄があるという管状構造になっています。

E. ✕ 骨の役割は次のとおりです。

①	筋力を受けて**動作を生み出す機能**
②	立位や座位などで**身体を支える機能**
③	内臓などを**保護する機能**
④	骨髄での**造血作用**

第3章

問題

解答・解説

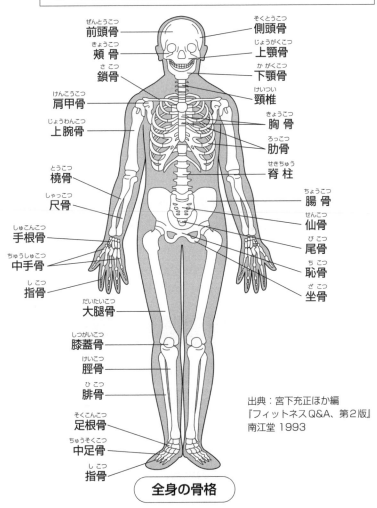

前頭骨（ぜんとうこつ）
側頭骨（そくとうこつ）
頬骨（きょうこつ）
上顎骨（じょうがくこつ）
鎖骨（さこつ）
下顎骨（かがくこつ）
肩甲骨（けんこうこつ）
頸椎（けいつい）
上腕骨（じょうわんこつ）
胸骨（きょうこつ）
肋骨（ろっこつ）
橈骨（とうこつ）
脊柱（せきちゅう）
尺骨（しゃっこつ）
腸骨（ちょうこつ）
手根骨（しゅこんこつ）
仙骨（せんこつ）
中手骨（ちゅうしゅこつ）
尾骨（びこつ）
指骨（しこつ）
恥骨（ちこつ）
大腿骨（だいたいこつ）
坐骨（ざこつ）
膝蓋骨（しつがいこつ）
脛骨（けいこつ）
腓骨（ひこつ）
足根骨（そくこんこつ）
中足骨（ちゅうそくこつ）
指骨（しこつ）

全身の骨格

出典：宮下充正ほか編
『フィットネスQ&A、第2版』
南江堂 1993

A5 骨密度

正解　A

A.✗ リンの摂取が多すぎると、<u>カルシウムの利用効率が低下</u>するため、せっかく摂取したカルシウムも有効利用されません。

B.○ 記述のとおりです。骨の無機成分の代表である**カルシウム**は、骨の形成以外にも細胞機能の調節にとって中心的な役割を担っており、血液中に常に一定の濃度（9～11mg／dl）が保たれていなければなりません。**身体に存在するカルシウムの99％は骨に貯蔵されており**、血液中のカルシウムが低下すると、骨からカルシウムを放出するので、カルシウム摂取量が不足すると**骨密度が低下**してしまいます。

C.○ 記述のとおりです。

D.○ 運動の実践が、骨を丈夫に保つために重要です。若いころの運動習慣によって骨密度を高めておく必要があります。

E.○ 記述のとおりです。

A6 関節

正解　A

A.○ 記述のとおりです。関節の構成要素は、**関節面、関節包、関節腔**および特殊装置です。特殊装置とは、補強靭帯、関節円板、関節唇、滑液包のことです。

B.✗ 関節面の表面は多くの場合、<u>硝子軟骨</u>で覆われています。

C. ✕ 関節包は互いに隔てられた骨を<u>連結</u>させています。関節包の内層は**滑膜**と呼ばれ、血管や神経が含まれており、関節に滑液を分泌します。外層は線維膜と呼ばれています。

D. ✕ <u>滑液</u>は<u>粘性のある透明な液</u>です。潤滑作用のほか、軟骨に栄養を与える働きももっています。

E. ✕ 靭帯の機能による分類は、次のとおりです。

補強靭帯	関節包のため
支持靭帯	運動時に支える
抑制靭帯	運動制限のため

また、関節の両側にあるものを**側副靭帯**、関節腔内にあるものを**関節内靭帯**といいます。

A7 矢状面の運動

正解　C

A. ○ 矢状面とは、人体を左右２つに分けるように切った面です（次ページ図参照）。矢状面のほか、水平面と前額面という面がありますので、しっかりイメージしておきましょう。A.は、記述のとおりです。**手関節における矢状面の運動**について、その軸は前額軸（手関節）であり、**掌屈（屈曲）と背屈（伸展）**が含まれます。

B. ○ 記述のとおりです。**肘関節における矢状面の運動**について、その軸は前額軸（肘関節）であり、**屈曲と伸展**が含まれます。

C. ✕ 記述は水平面の運動です。肩関節の矢状面の運動には、<u>ボクシングのアッパーカット動作やナローグリップ・ロウ</u>が挙げられます。**肩関節における矢状面の運動**について、その軸は前額軸（肩関節）であり、**屈曲と伸展**が含まれます。

第3章
問題
解答・解説

D.◯ 記述のとおりです。**股関節における矢状面の運動**について、その軸は前額軸（股関節）であり、**屈曲**と**伸展**が含まれます。

E.◯ 記述のとおりです。**膝関節における矢状面の運動**について、その軸は前額軸（膝関節）であり、**屈曲**と**伸展**が含まれます。

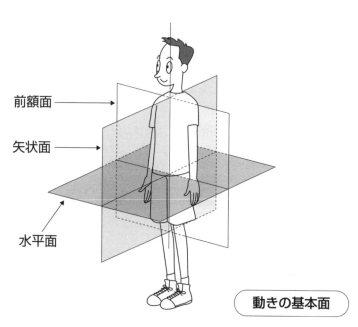

前額面

矢状面

水平面

動きの基本面

A8 前額面の運動

正解　B

A.◯ 記述のとおりです。**肩関節における前額面の運動**について、その軸は矢状軸（肩関節）であり、**内転**と**外転**が含まれます。

B.✕ 記述は矢状面の運動です。首における前額面の運動には、<u>ネックマシンにおける左右の側屈動作</u>が挙げられます。**首**

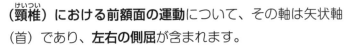

（頸椎）における前額面の運動について、その軸は矢状軸（首）であり、左右の側屈が含まれます。

C. ◯ 記述のとおりです。下背部（腰椎）における前額面の運動について、その軸は矢状軸（下背部）であり、左右の側屈が含まれます。

D. ◯ 記述のとおりです。股関節における前額面の運動について、その軸は矢状軸（股関節）であり、内転と外転が含まれます。

E. ◯ 記述のとおりです。足関節における前額面の運動について、その軸は矢状軸（距骨下関節）であり、踵骨の回内と回外が含まれます。これらはそれぞれ、外がえしと内がえしに含まれる動きです。

A9 水平面の運動

正解　E

A. ◯ 記述のとおりです。肩関節における水平面の運動について、その軸は垂直軸（肩関節）であり、上腕骨の回旋動作である内旋と外旋、並びに、上腕が体幹に対して90度の肢位で行われる水平内転と水平外転が含まれます。

B. ◯ 記述のとおりです。肩関節の内旋と外旋に関しては、上記のとおりです。

C. ◯ 記述のとおりです。首（頸椎）における水平面の運動について、その軸は垂直軸（頸椎）であり、左右の回旋が含まれます。

D. ◯ 記述のとおりです。股関節における水平面の運動について、その軸は垂直軸（股関節）であり、内旋と外旋、並びに、大腿が体幹に対して90度の肢位で行われる水平内転と水平外転が含まれます。

E. ✕ 記述は前額面の運動です。下背部における水平面の運動には、メディシンボール・サイドトスやトルソーマシンが挙げられます。**下背部（腰椎）における水平面の運動**について、その軸は垂直軸（腰椎）であり、**左右の回旋**が含まれます。

A10 多関節運動と単関節運動

正解　D

A. ✕ 首や下背部の動きのような脊柱を介しての動きは、多関節運動として考えます。

B. ✕ 1つの関節を介した運動を**単関節運動**、それを組み合わせた運動を**多関節運動**といいます。

C. ✕ 身体の端で**大きなパワーを発揮する多関節運動**において、一般には単関節筋で**パワーを生み出し**、二関節筋で**それを身体の端へと伝達します**。

D. ○ 記述のとおりです。レッグエクステンション、レッグカールは膝関節、リストカールは手関節の運動です。

E. ✕ ワイドグリップ・ミリタリープレスは多関節運動ですが、ベントオーバー・ラテラルレイズは肩関節を垂直軸とした単関節運動です。

A11 スクワットジャンプのメカニズム

正解　C

A. ✕ スクワットジャンプは、股関節の伸展、膝関節の伸展、足関節の底屈という3つの関節による多関節運動です。なお、底屈とは、つま先を下に下げる動作のことです。背屈

とは、つま先を上に上げる動作のことです。

B. ✕ スクワットジャンプの関節運動の順序は、まず体幹が起き上がることによって股関節が伸び、続いて膝関節が伸び、その後に足関節が底屈するという流れです。

C. ◯ 記述のとおりです。大腿裏側の二関節筋群（**ハムストリングス**）は、股関節の伸展と膝関節の屈曲の働きがありますので、その活動によって膝の伸展が抑えられ、股関節の伸展のみが起こります。

D. ✕ 股関節の伸びを抑えるのは、大腿四頭筋（二関節筋部＝**大腿直筋**）であり、大腿裏側の二関節筋群（ハムストリングス）の働きが弱まるので膝が伸びる仕組みとなっています。

E. ✕ 下腿三頭筋は、足関節の底屈と膝関節の屈曲の働きがありますので、その活動によって膝の伸展が抑えられ、足関節が底屈します。

A12 筋腱複合体の弾性要素と弾性エネルギー

正解　C

A. ◯ 直列弾性要素は、解剖学的に主として腱（最大張力発生時に筋長の2〜3％）とミオシン分子自体の弾性（筋長の約0.5％）と考えられています。

B. ◯ 記述のとおりです。

C. ✕ **力学的仕事量**〔J〕は、力〔N〕と移動距離〔m〕との積です。この力学的仕事をすることのできる能力のことを**力学的エネルギー**と呼びます。

D. ◯ 記述のとおり、力学的エネルギーは位置エネルギーと運動エネルギーとの和です。

E. ○ 記述のとおりです。着地時に位置エネルギーをアキレス腱などの直列弾性要素に蓄え、続くジャンプで蓄えられたエネルギーを利用することができるので、少ないエネルギー消費で効率的に跳び上がることができます。アキレス腱という**バネ**を伸ばして、それが縮む力を利用するイメージです。

A13 着地衝撃とその緩和法

正解　A、B

A. ✕ ランニングの着地において、膝のクッションを使わない場合には着地衝撃が<u>大きく</u>なり、使う場合には<u>小さく</u>なります。その分、使わない場合では力を受ける時間が短くなり、使う場合では長くなります。

B. ✕ 力積は力の大きさ×働いた時間で表されますので、上記のように、大きな力が短時間働いても、小さな力が長時間働いても、<u>力積に差はありません</u>。

C. ○ 記述のとおりです。運動量の変化分と力積は等しくなります。

D. ○ 記述のとおりです。

E. ○ 記述のとおりです。身体に大きな衝撃が加わることは身体に異常をきたす危険性を高めるので、D.およびE.の記述のような方法で衝撃を和らげる必要があります。

A14 パワー発揮とエネルギーの伝達

正解　C

A. ✕ 力学的パワーは、力と速度の積です。次の式で求められます。

$$力学的パワー＝力×速度$$

B. ✕ 力学的パワーは、筋量に比例します。筋が生み出せる力は、筋の太さに比例し、速さは長さに比例するので、太さ×長さ＝筋量を増やすことが力学的パワーを大きくすることにつながります。

C. ◯ 記述のとおりです。1秒のほうが3秒より速く上げているので、力学的パワーは大きくなります。

D. ✕ C.およびD.の記述の場合では、3秒間でも1秒間でも同じ重量を同じ距離移動させていますので、仕事量に差はありません。しかし、1秒間で挙上したほうが**3倍速く移動**させていますので、そこで発揮されている**パワーは3倍**になります。

E. ✕ 身体の端には大きな筋がなく、大きなパワーを生み出せないので、脚や体幹などの大きな筋で生み出された力学的エネルギーをいかに効率よく身体の端まで伝達していくかが、スポーツのパフォーマンスに影響します。

第3章
問題
解答・解説

A15 運動と流体力

正解　A

A. ✗ 空気は密度が小さいため、日常生活で**抵抗力**を感じることは少ないですが、スキーや自転車など高速で移動するときには、抵抗力は無視できないほど大きくなります。

B. ○ 記述のとおりです。水や空気のような流体中を物体が移動するとき、物体にはその移動を妨げようとする力が働きます。この力の移動方向と逆向きの成分を抵抗力（**抗力**）、移動方向と直角方向の成分を**揚力**といいます。

C. ○ 記述のとおりです。例えば、スキーの滑走中に姿勢が高くなると、とたんに空気抵抗が大きくなって減速します。

D. ○ 記述のとおりです。

E. ○ 記述のとおりです。もう少しわかりやすく説明すると、ボールに回転（スピン）を与えると、ボールの表面近くには回転と同じ向きの空気の流れができます。すると、ボールの進行方向の空気とぶつかり合う箇所とそうでない箇所が生まれます。ぶつかり合う箇所では空気の密度が高まるため、そうでない箇所に向けてボールを押す力が生じます。これがマグヌス力です。

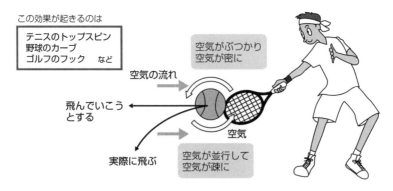

この効果が起きるのは

テニスのトップスピン
野球のカーブ
ゴルフのフック　など

空気がぶつかり
空気が密に

空気の流れ

飛んでいこう
とする

空気

実際に飛ぶ

空気が並行して
空気が疎に

栄養摂取と運動

※★の数が多いほど、重要分野になります。優先順位をつけて学習すると効率的に学習できます。

【第4章　栄養摂取と運動】

1 健康と栄養

★★★ 炭水化物（糖質）

・1gあたり4キロカロリーのエネルギーをもちます。

・血中ではグルコース（ブドウ糖）として存在、筋や肝臓ではグリコーゲンとして蓄えられます。

★★　炭水化物（食物繊維）

・ヒトの消化酵素で消化されない、あるいは消化されにくい難消化性成分の総称です。

・整腸作用、余分なコレステロールの吸収を抑える作用などの効果が認められています。

★★★ 脂質

・1gあたり9キロカロリーのエネルギーをもちます。

・中性脂肪（トリグリセリド）、コレステロール、リン脂質などからなります。

★★★ たんぱく質

・多数のアミノ酸がペプチド結合したものです。

・1gあたり4キロカロリーのエネルギーをもちます。

・たんぱく質を構成するアミノ酸は20種類（うち9種類は必須アミノ酸）です。

・必須アミノ酸は、体内で合成できないか、合成の速度が遅いため、食事から摂取しなければなりません。

★★　無機質（ミネラル）

・日本人の平均的な食生活で不足しがちな無機質は、カルシウムと鉄の2種類です。

★★　ビタミン

・主な役割は、体の正常な機能を保つための微調整です。

・水に溶ける性質をもつ「水溶性ビタミン」と脂質に溶ける性質をもつ「脂溶性ビタミン」があります。

★★★ 水

・私たちの体の構成成分の60〜70%は水分です。

2 消化・吸収
★ 　三大栄養素の消化・吸収

	消化	吸収
炭水化物（糖質）	口・小腸	小腸
脂質	十二指腸・小腸	小腸
たんぱく質	胃・十二指腸・小腸	小腸

3 食物選択のためのガイド
★ 　　食事バランスガイド

・「主食」「副菜」「主菜」「牛乳・乳製品」「果物」の5つの料理区分ごとに、1日に摂る組み合わせとおおよその量が「○つ（SV)」の単位で示されています。

4 運動時におけるエネルギー源
★★ 　エネルギー源

・ヒトのエネルギー源は、糖質、脂質、たんぱく質の三大栄養素です。

・運動時の主なエネルギー源は糖質と中性脂肪です。

・運動開始直後は中性脂肪より糖質の利用割合が高く、時間の経過とともに中性脂肪の割合が高まります。

5 エネルギー消費量の推定法
★★★ メッツ（METs)

・各活動のエネルギー消費量が座位安静時代謝量の何倍かを示す値です。

★★ 　座位安静時のエネルギー消費量

・座位安静時の酸素摂取量は、3.5ml/kg/分です。

・酸素消費量1リットルあたり5キロカロリーのエネルギー消費です。

・座位安静時のエネルギー消費量は、3.5ml/kg/分×5kcal×60分＝約1kcal/kg/時です。

★★★ 運動のエネルギー消費量

・座位安静時の何倍かを計算することによって、運動のエネルギー消費量を概算することができます。

・エネルギー消費量（kcal）≒メッツ・時×体重（kg）

6 適切な減量計画
★★　減量の原則
・除脂肪量を維持したうえで体脂肪量を減少させるようにするのが原則。
・肥満者の一般的な減量目標は、初期体重の5〜10%程度、月1kg程度。
・運動では、脂肪の利用量だけではなく、より多くのエネルギーを消費させることが目標です。

7 日本人の食事摂取基準と食生活指針
★　日本人の食事摂取基準
・エネルギーおよび栄養素の欠乏症や過剰摂取による健康障害、生活習慣病の予防などを目的とした、性別・年齢別・身体活動レベル別に、エネルギーおよび栄養素の1日あたりの摂取量の基準が示されたものです。

8 生活習慣と栄養・食生活
★★　糖質摂取量の目安
・持久能力が要求される競技で推奨されるのは「高」糖質食。
・1日の摂取エネルギー量のうち、糖質からのエネルギー量が55〜60%となるのが目安です。
・日本人の平均的な糖質からのエネルギー摂取割合は約60%です。

★★　骨粗鬆症
・男性と比較して女性は高齢期における骨粗鬆症のリスクが高くなります。
・骨粗鬆症の予防には、適度な運動習慣、カルシウムの十分な摂取、適切な体重・体組成管理が欠かせません。

★★　貧血
・赤血球あるいはヘモグロビンの量が正常より少なくなった状態で、運動時の酸素運搬・利用能力が低下し、持久能力が低下します。
・運動選手の貧血に多い鉄欠乏の予防には、適切なエネルギー、たんぱく質、鉄の確保が不可欠です。

Chapter 4

栄養摂取と運動

Q1 五大栄養素として誤っているものを1つ選びなさい。

A. 炭水化物　B. 脂質　C. たんぱく質
D. ビタミン　E. 水

Q2 糖質1gあたりのエネルギーについて正しいものを1つ選びなさい。

A. 0キロカロリー　B. 1キロカロリー　C. 4キロカロリー
D. 7キロカロリー　E. 9キロカロリー

Q3 たんぱく質の役割について誤っているものを2つ選びなさい。

A. 体の形態の構成　　B. 体内の化学反応の触媒
C. 体内の物質の輸送　D. 体の主たるエネルギー源
E. 体温の調節

糖質、脂質、たんぱく質について誤っているものを１つ選びなさい。

A．糖質は、グルコースとして筋や肝臓に貯蔵され、必要に応じ分解されグリコーゲンとして血液中に入り、各細胞で代謝される。

B．脂質は、中性脂肪、コレステロール、リン脂質などからなり、中性脂肪は１ｇあたり９キロカロリーのエネルギーを供給する。

C．リノール酸・リノレン酸・アラキドン酸は、必須脂肪酸である。

D．たんぱく質は、１ｇあたり４キロカロリーのエネルギーをもつ。

E．たんぱく質を構成するアミノ酸は20種類あるが、このうち、体内で合成できない、あるいは合成速度が遅いため、食事から摂取しなくてはならないものを必須アミノ酸という。

ミネラル、ビタミン、水について誤っているものを１つ選びなさい。

A．ミネラルは、微量ながら体内でさまざまな役割を担っている元素の総称で、体の約４％を占めている。

B．日本人の平均的な食生活で不足しがちなミネラルは、カルシウムと鉄である。

C．ビタミンは、カルシウムの吸収を促す、脂質の酸化を防止する、コラーゲンの合成をするなど、様々な機能を持つ。

D．ビタミンは、水溶性ビタミンと脂溶性ビタミンに大きく分けられ、水溶性ビタミンにはビタミンA、ビタミンE、ビタミンD、ビタミンKがある。

E．水は、各種栄養素、酸素、二酸化炭素、老廃物の運搬や体温調節に重要な機能を果たしており、成人で１日あたり２〜３リットルの出し入れがある。

Q6 消化と吸収について誤っているものを1つ選びなさい。

A．食物を分解して、小さな分子に変える過程を消化という。

B．食物が、胃や腸の壁から体内に取り込まれることを吸収という。

C．たんぱく質は、胃、十二指腸、小腸で消化され、小腸で吸収される。

D．炭水化物は、胃、小腸で消化され、小腸で吸収される。

E．脂質は、十二指腸、小腸で消化され、小腸で吸収される

Q7 食事バランスガイドの料理区分と材料の組み合わせについて誤っているものを1つ選びなさい。

A．主食：ごはん　B．副菜：大豆

C．主菜：肉、魚　D．牛乳・乳製品：チーズ　E．果物：すいか

Q8 運動時のエネルギー源について誤っているものを1つ選びなさい。

A．運動開始直後は脂肪より糖質の利用割合が高いが、時間とともに脂質の利用割合が高くなる。

B．運動開始直後は筋内の脂肪やグリコーゲンを利用するが、時間とともに皮下脂肪や肝臓のグリコーゲンの利用に移行する。

C．高強度の運動中は糖質、特に筋中のグリコーゲンの利用割合が高くなり、脂肪は中強度の運動で最も利用されやすい。

D．運動開始後20分して、初めて脂肪が利用されるようになる。

E．食事制限などによって糖質や脂肪が不足すると、たんぱく質の利用が亢進し、筋量の低下につながる可能性がある。

Q9 活動内容とメッツ値との関係について誤っているものを１つ選びなさい。

A. ウェイトトレーニング（軽・中等度）：3.0〜3.9メッツ
B. やや速歩（分速93m）：4.0〜4.9メッツ
C. 自転車エルゴメーター（50ワット）：6.0〜6.9メッツ
D. ジョギング：7.0〜7.9メッツ
E. ランニング（分速134m）：8.0〜8.9メッツ

 Q10 適切な減量計画の進め方について誤っているものを１つ選びなさい。

A. 体重減少の目標量および食事制限と運動のバランスを決定する。
B. 運動では、より多くのエネルギーを消費させることを目標とする。
C. 運動種目、強度、時間を決定する。
D. 量およびバランスを考慮した食事を摂る。
E. 代謝を改善し、より多くの発汗を促す方策を取り入れる。

 Q11 国の栄養に関する各種基準・指針等について誤っているものを１つ選びなさい。

A.「日本人の食事摂取基準」は、生活習慣病の予防などを目的として、エネルギーおよび各栄養素の１日あたりの摂取量の基準を示したものである。
B.「食生活指針」は、望ましい食習慣の「道しるべ」として、科学的根拠に基づいてわかりやすく示されたものである。

C．「健康日本21（第2次）」の栄養・食生活分野では、適正体重を維持している者の増加（肥満、やせの減少）などの目標が設定されている。

D．30〜49歳の身体活動レベルが「ふつう」の人の推定エネルギー必要量は、男性が1,600kcal程度、女性が1,000kcal程度である。

E．「日本人の食事摂取基準」の2015年版では、エネルギーバランスの維持を示す指標としてBMIの基準が示されている。

....

Q12 運動時に配慮が必要とされる栄養・食生活について正しいものを2つ選びなさい。

A．効果のある良質なサプリメントは、摂取量に比例して効果も高くなる。

B．炭水化物の摂り過ぎは、体脂肪の増加につながりやすいため、運動選手は炭水化物の摂取を極力控えなくてはならない。

C．女性が生涯にわたって適度な運動習慣をもつことは、骨粗鬆（こつ そ しょう）症（しょう）の予防に有効である。

D．運動選手に見られる貧血の多くが、スクワットのようなトレーニングのやり過ぎによる立ちくらみである。

E．女性は、男性と比較して、体脂肪量が多い、体脂肪率が高い、ヘモグロビン濃度が低いなどの特徴がある。

Answer

　健康づくりを考えるうえで、栄養と運動は切っても切り離せない関係にあります。健康運動実践指導者は、栄養の専門家ではありませんが、栄養学の基礎的な知識はしっかりと押さえ、指導に活かす必要があります。

第4章

問題

解答・解説

A1 五大栄養素

正解　E

A.○ 五大栄養素の1つです。**炭水化物**は、大きく**糖質**と**食物繊維**に分けられます。

B.○ 五大栄養素の1つです。**脂質**は、**中性脂肪（トリグリセリド）**、**コレステロール**、**リン脂質**などからなります。

C.○ 五大栄養素の1つです。**たんぱく質**は、多数の**アミノ酸**がペプチド結合したものです。

D.○ 五大栄養素の1つです。**ビタミン**は、糖質、脂質、たんぱく質、無機質以外に体に必要とされる微量の有機化合物です。

E.✕ 五大栄養素は、炭水化物、脂質、たんぱく質、ビタミン、無機質（ミネラル）です。**水**は、人体の構成成分の60〜70%を占める不可欠な存在ですが、五大栄養素には含まれません。

A2 糖質

正解　C

A.✕ 該当しません。体にエネルギーを供給しない水、無機質、ビタミンなどが該当します。

B.✕ 該当しません。

C. ⃝ 糖質の主な役割はエネルギーの供給であり、1gあたり4キロカロリーのエネルギーをもちます。

D. ✕ アルコールが1gあたり7キロカロリーのエネルギーをもちます。

E. ✕ 脂質が1gあたり9キロカロリーのエネルギーをもちます。

A3 たんぱく質

正解　D、E

A. ⃝ たんぱく質の役割の1つです。たんぱく質は、細胞、組織、酵素、ホルモン、免疫抗体、体液、血液、内臓、骨、皮膚、髪、爪などの主成分であり、人体の構成成分の約17%を占めています。それらが果たす役割として、B.C.などが挙げられます。

B.C. ⃝ A.で述べたとおり、それぞれたんぱく質の役割です。

D. ✕ たんぱく質もエネルギー源となり得ますが、主たるエネルギー源ではありません。

E. ✕ 体温の調節は水などがその機能を果たしており、たんぱく質の役割には含まれません。

A4 糖質、脂質、たんぱく質

正解　A

A. ✕ 糖質は、**グリコーゲン**として筋や肝臓に貯蔵され、必要に応じて分解されて**グルコース（ブドウ糖）**として血液中に入り、各細胞で代謝されます。

B.C. ◯ 記述のとおりです。**中性脂肪（トリグリセリド）**を構成する脂肪酸のうち、二重結合のある不飽和脂肪酸のリノール酸、リノレン酸、アラキドン酸などは体内で合成できないため、食物から摂取する必要があります。これを**必須脂肪酸**といいます。

D. ◯ 記述のとおりです。体の主なエネルギー源は糖質と脂質ですが、有酸素系エネルギー供給機構において、たんぱく質がエネルギー源となる場合もあります。

E. ◯ 記述のとおりです。**必須アミノ酸**は、バリン、ロイシン、イソロイシン、メチオニン、トリプトファン、フェニルアラニン、スレオニン、リジン、ヒスチジンの**9種類**です。

A5 ミネラル、ビタミン、水

正解　D

A. ◯ 記述のとおりです。体内には約60種類の元素が存在しています。このうち、酸素、炭素、水素、窒素の4種類が人体の約96%を構成しています。

B. ◯ 記述のとおりです。その他の**ミネラル**（例えば、カリウムやナトリウムなど）は、通常の食事で不足することはないといわれています。なお、鉄が不足すると、**鉄欠乏性貧血**を起こします。

C. ◯ 記述のとおりです。体に必要なものですが、ほとんどの**ビタミン**は体内で合成することができないので、食物から摂取する必要があります。ビタミンの代表的な機能として、ビタミンA：皮膚や粘膜、目の機能を正常に保つ、ビタミンD：カルシウムの吸収を促す、ビタミンE：脂質の酸化防止、ビタミンB1：糖質代謝の補酵素、ビタミンB2：エネルギー代謝の補酵素、ビタミンC：コラーゲンの合成や

抗酸化作用があげられます。

D. ✕ ビタミンは、**水溶性ビタミン**と**脂溶性ビタミン**に大きく分けられ、脂溶性ビタミンにはビタミンA、ビタミンE、ビタミンD、ビタミンKがあります。水溶性ビタミンには、ビタミンB群とビタミンCがあります。混同しやすいので注意が必要です。

E. ◯ 人体の60〜70%を構成する水は、発汗量の増加などによって体内から失われていくと脱水症状を呈するので、特に暑熱下の運動や減量プログラムなどにおいては十分な水分補給が必要となります。

五大栄養素	三大栄養素	炭水化物（糖質）	主な役割は、エネルギーを供給する（4kcal/g）こと。筋や肝臓にグリコーゲンとして蓄えられる。
		脂　質	主な役割は、エネルギーを供給する（9kcal/g）、細胞膜の構成成分となる、体を衝撃や熱から守るなど。中性脂肪（トリグリセリド）、コレステロール、リン脂質などからなる。
		たんぱく質	主な役割は、体の構成成分となる、エネルギーを供給する（4kcal/g）など。20種類のアミノ酸から構成されるが、そのうち9種類が必須アミノ酸。
	ミネラル		主な役割は、骨や歯の構成成分となる、生理作用を調整するなど。体内に存在する元素のうち、酸素、炭素、水素、窒素を除いた残りの微量元素。
	ビタミン		主な役割は、体の代謝を円滑にする、体のさまざまな機能を正常に保つなど。脂溶性のビタミンA, D, E, Kと水溶性のビタミンB群、Cに分けられる。
水			主な役割は、栄養素を運搬する、体温を保持するなど。体の構成成分の60〜70%を占める。
食物繊維			主な役割は、腸内環境を改善すること。不溶性と水溶性とに分けられる。

A6 消化・吸収

正解　D

A.○ 記述のとおりです。食物の大部分は、そのままの形では体内に取り込んで利用することができないので、**消化**する必要があります。消化はさまざまな**消化酵素**によって促進されます。

B.○ 記述のとおりです。食物の化学的性質の違いによって、消化・吸収される場所も異なります。

C.○ 記述のとおりです。たんぱく質は、胃では胃液に含まれる**塩酸**および**ペプシン**の作用を受け、最終的に、小腸でアミノ酸にまで分解されて吸収されます。

D.✕ 炭水化物は、口腔、小腸で消化され、小腸で吸収されます。口腔内では**唾液（だえき）アミラーゼ**、小腸では膵（すい）アミラーゼの作用を受けます。

E.○ 記述のとおりです。脂質は、十二指腸において胆汁（たんじゅう）中の胆汁酸により乳化され、膵液中の**リパーゼ**の作用を受け、最終的に、小腸でグリセロールと脂肪酸に分解されて吸収されます。

A7 食事バランスガイド

正解　B

A.○ 記述のとおりです。A.〜E.の記述はいずれも、「食事バランスガイド」により分類された料理区分とその材料です。食事バランスガイドは、日本人の食生活の料理を主食、副菜、主菜、乳製品、果物の5つのグループに分け、1日に「何を」「どれだけ」食べたらよいかを、コマをイメージし

たイラストで示したものです。食事の望ましい組み合わせとおおよその量を、食品、食材ではなく、日常食べる状態の「料理」で表しているところが、その特徴の一つです。主食は、炭水化物等の供給源であるごはん、パン、麺、パスタなどを主材料とする料理です。

B. ✕ 副菜は、ビタミン、ミネラルおよび食物繊維等の供給源となる野菜、きのこ、いも、豆類（大豆を除く）、海藻などを主材料とする料理です。1日に5皿程度が摂取量の目安とされています。

C. ○ 記述のとおりです。主菜は、たんぱく質等の供給源となる魚、肉、卵、大豆および大豆製品などを主材料とする料理です。1日に3皿程度が摂取量の目安とされています。

D. ○ 記述のとおりです。牛乳・乳製品は、カルシウム等の供給源である牛乳、ヨーグルト、チーズなどです。牛乳であれば1本程度が1日の摂取量の目安とされています。

E. ○ 果物は、ビタミンC、カリウム等の供給源であるりんご、みかん、すいか、いちごなどの果物等です。

A8 運動時におけるエネルギー源

正解　D

A. ○ 記述のとおりです。運動時において、主なエネルギー源である**糖質と脂肪の利用割合は、運動の強度や継続時間によって変化**します。

B. ○ 記述のとおりです。なお、筋内や肝臓に貯蔵されているグリコーゲンは、約400gです。

C. ○ 記述のとおりです。なお、脂肪が最も利用されやすい中強度の運動とは、ATレベル（P.47第2章Q13参照）の運動です。

D. ✕ 糖質や脂肪の利用割合は連続的に少しずつ変化するので、「運動開始後20分してから、初めて脂肪が利用されるようになる」わけではありません。

E. ◯ 記述のとおりです。有酸素性エネルギー供給機構においては、通常は糖質と脂肪がエネルギー源として利用されますが、これらが不足した場合、筋を分解して得られたたんぱく質もエネルギー源となります。

A9 エネルギー消費量の推定（メッツ）

正解　C.

A. ◯ 記述のとおりです。腕立て伏せや腹筋運動のような一般的な筋力トレーニングもこのウェイトトレーニング（軽・中等度）に該当します。運動によるエネルギー消費量の推定には**メッツ値**が有用です。メッツ値とは、各活動のエネルギー消費量が**座位安静時代謝量の何倍かを示す数値**です。メッツ値に運動時間（時）をかけると、運動量の指標となる**メッツ・時**を求めることができ、さらにその値に体重（kg）をかけると、その運動でのエネルギー消費量（kcal）が概算できます。各メッツ値をすべて覚える必要はありませんが、A.〜E.に挙げられたような代表的な活動の値だけでも覚えておくと、現場での指導に有効です。

B. ◯ 記述のとおりです。**かなり速歩（平地、分速107m）では、5.0〜5.9メッツ**となります。

C. ✕ 自転車エルゴメーター（50ワット）では3.0〜3.9メッツです。自転車エルゴメーター（100ワット）で6.0〜6.9メッツとなります。

D. ◯ 記述のとおりです。

E. ⃝ 記述のとおりです。

A10 適切な減量計画

正解　E

A. ⃝ 体重1kgの減量は、おおよそ7,000キロカロリー程度に相当します。一般に、肥満者における**減量の目標は初期体重の5〜10%程度**とされ、高度の肥満者を除き、**月1kg程度の減量**が勧められています。これらの数値をもとに必要なエネルギー量を計算し、食事制限と運動とに割り振ります。

B. ⃝ 記述のとおりです。運動については、**エネルギー消費量を大きくする**ように運動強度と時間を決定していきます。

C. ⃝ エネルギー消費量を増やすために有効な**有酸素性運動**から種目を選択し、その強度・時間・頻度を決めていきます。**健康づくりのための身体活動基準2013**では、メタボあるいは生活習慣病の改善には、3〜6メッツの運動を週10メッツ・時行うことが望ましいとされています。

D. ⃝ 記述のとおりです。各種ビタミンやミネラルおよびたんぱく質の摂取量は原則として減らさないようにします。

E. ✕ 発汗量と減量とは無関係です。代謝と発汗量は比例しません。

A11 国の栄養に関する各種基準・指針等

正解　D

A. ○ 記述のとおりです。**日本人の食事摂取基準**は、国の健康増進施策などの基礎となるもので、国民に対する食生活改善指導の基準としても利用されます。

B. ○ 記述のとおりです。**食事摂取基準が専門家向けの基準を示**したものであるのに対し、**食生活指針は、一般人向けの望**ましい食習慣実践のための定性的なメッセージとなっています。

C. ○ 記述のほか、適切な量と質の食事を摂る者の増加、共食の増加（食事を1人で食べる子どもの割合の減少）などが目標として設定されています。

D. ✕ 食事摂取基準で示されている30～49歳の身体活動レベルが「ふつう」の人の推定エネルギー必要量は、男性が2,650kcal程度、女性が2,000kcal程度です。細かい数字を暗記する必要はありませんが、現場の指導に活かすためにも、だいたい、どのくらいの値になるのかは覚えておきましょう。

E. ○ 記述のとおりです。18歳以上の成人について、年齢区分ごとに目標とするBMIの範囲が示されています。

A12 運動時に配慮が必要とされる栄養・食生活

正解　C、E

A. ✕ **サプリメント（栄養補助食品）**は、過剰摂取による健康障害を引き起こすことも考えられるため、適切な摂取範囲で活用するべきです。

B. ✕ 穀類に含まれるでんぷん（複合炭水化物）の十分な摂取は<u>肝臓と筋にグリコーゲンを蓄積し、持久能力の向上につながります</u>。極力控えなければならないというわけではありません。

C. ○ 記述のとおりです。女性は、閉経の影響もあって、高齢期における骨粗鬆症のリスクが高いため、その予防が重要です。

D. ✕ 運動選手に見られる貧血の多くが、<u>鉄の栄養状態の低下によって生じる鉄欠乏性貧血、または体内での鉄の貯蔵量が少ない潜在性鉄欠乏症</u>であり、トレーニングのやり過ぎによる立ちくらみではありません。これらの予防や治療には、適切なエネルギー、たんぱく質、鉄の確保が欠かせません。

E. ○ 記述のとおりです。女性は、男性と比較して、体脂肪量が多い、体脂肪率が高い、ヘモグロビン濃度が低いなどの特徴があります。女性特有の生理機能障害などにも注意が必要です。

第 **5** 章

体力測定と評価

【第5章　体力測定と評価】

① 無酸素性能力の測定

★　　最大無酸素性パワーの評価

・最大無酸素性パワーの評価：階段駆け上がり法、Wingate Anaerobic Test

② 有酸素性能力の測定

★　　有酸素性能力の評価

・有酸素性能力の評価：持久走や急歩テスト、12分間走テストなどのフィールド（パフォーマンス）テスト

③ 最大酸素摂取量の測定

★★　　直接法と間接法

・直接法のほうが妥当性は高くなりますが、経済性・安全性・簡便性では間接法のほうが優れます。

・直接法では、一般的に、トレッドミルや自転車エルゴメーターを利用した、多段階漸増負荷法かramp負荷法が用いられます。

④ 無酸素性閾値（AT）

★　　血中乳酸濃度の低下

・有酸素性トレーニングによって全身持久性体力が向上すると、最大下運動時の血中乳酸濃度は低下します。

⑤ 体脂肪量の測定

★★　　体脂肪量の測定方法

・主な測定方法は、水中体重秤量法、空気置換法、二重エネルギーX線吸収法（DXA法）、生体電気抵抗法（インピーダンス法）、皮下脂肪厚法です。

・各測定方法の利点と欠点を押さえておきましょう。

6 新体力テスト

★★★ **新体力テスト**

・全年齢層の共通項目：握力、上体起こし、長座体前屈
・20～64歳の測定項目：握力、上体起こし、長座体前屈、反復横とび、立幅とび、20mシャトルランまたは急歩
・65～74歳の測定項目：ADLスクリーニング、握力、上体起こし、長座体前屈、開眼片足立ち、10m障害物歩行、6分間歩行

7 健康づくりのための運動指針2006

★　　**健康関連体力の評価**

・健康関連体力：全身持久力、筋力・筋持久性、身体組成、柔軟性
・エクササイズガイド2006では、生活習慣病との関連が明らかである全身持久力と筋力を評価するための測定項目として「**3分間歩行**」と「**椅子立ち上がり**」を取り上げています。（健康づくりのための身体活動基準2013およびアクティブガイドでは、体力測定の方法に関する項目が削除されました。）

8 体力テストの評価

★　　**適正な体力測定の条件**

・妥当性、信頼性、客観性、簡便性、経済性、安全性、興味性、正規性

Chapter 5 体力測定と評価

Question

Q1 最大酸素摂取量の測定法で、最大努力での運動中の呼気を分析して測定する方法について正しいものを1つ選びなさい。

A. 直接法　B. 間接法　　C. フィールドテスト
D. 推定法　E. プロトコル

Q2 トレッドミルや自転車エルゴメーターで最大酸素摂取量を測定するさいに、一般的に用いられている方法について正しいものを2つ選びなさい。

A. 単段階負荷法　　　B. 多段階漸増負荷法
C. ramp負荷法　　　D. インターバル負荷法
E. 階段駆け上がり法

Q3 最大下努力における最大酸素摂取量の測定において前提となっている仮説について正しいものを1つ選びなさい。

A. 加齢に伴い、最高心拍数と血圧は下降する。
B. トレッドミルより自転車エルゴメーターのほうが酸素摂取量の高まる可能性が高い。
C. 運動強度と酸素摂取量の増加の関係は、比例しない。

D．酸素摂取量が上がると呼吸数は、定常状態に入る。

E．酸素摂取量と心拍数との間には、最大負荷に至るまでほぼ完全な直線関係が成立する。

 Q4 無酸素性閾値（いきち）に影響を与える要因について誤っているものを１つ選びなさい。

A．肺活量 　 B．心拍出量 　 C．動静脈酸素較差
D．遅筋線維量 　 E．毛細血管密度

 Q5 体脂肪量の測定方法の１つである、水中体重秤量法の特徴について誤っているものを１つ選びなさい。

A．アルキメデスの原理を応用した測定方法である。

B．特殊な器具が必要なく、最も一般性の高い測定方法である。

C．子どもや高齢者の測定は困難な方法である。

D．誤差が少なく、信憑性（しんぴょうせい）が高い測定方法である。

E．肺の残気量の影響を受けるという欠点がある。

 Q6 体脂肪量の測定方法の１つである、DXA法の特徴について正しいものを１つ選びなさい。

A．Ｘ線の被曝があるため、基本的には使用すべきでない。

B．どのような体型の人でも、正しく測定できる。

C．骨量、脂肪量、除脂肪除骨量が１回で調べられる。

D．部位ごとの数値の測定は困難である。

E．測定には60分以上かかるため、被測定者には負担が重い。

Q7 体脂肪量の測定方法の１つである、インピーダンス法の特徴について誤っているものを１つ選びなさい。

A．生体に微弱な電流を通したときの抵抗値から、体脂肪量を推測する方法である。

B．測定姿勢によって、数値が異なる可能性がある。

C．運動や食事の直後の測定は、誤差が大きくなる可能性がある。

D．１日のどの時間帯に計測しても、ほぼ同等の数値が出る。

E．心臓ペースメーカーを使用している人は、測定を避けたほうがよい。

....

 Q8 体脂肪量の測定方法の１つである、皮下脂肪厚法の特徴について正しいものを１つ選びなさい。

A．皮下脂肪のつまみ方によって、誤差が大きい測定方法である。

B．キャリパーは、皮下脂肪を強く圧迫するようにつまむとよい。

C．測定は、身体の左右どちら側の皮下脂肪でもよい。

D．上腕背側部の測定は、肘頭の３cm上を計測する。

E．皮下脂肪厚と体脂肪率は関係性がない。

....

 Q9 新体力テストの結果から見る年齢に伴う体力水準の変化と性差について誤っているものを１つ選びなさい。

A．男女ともに、６歳から19歳程度まで体力は向上傾向を示す。

B．男性は、青少年期後半に体力レベルが最高レベルに達する。

C．女性は、青少年期前半に体力レベルが最高レベルに達する。

D．すべての体力水準は、20歳以降に低下し始める。

E．長座体前屈以外は、体力には性差が見られる。

Q10 上体起こしの測定方法について正しいものを1つ選びなさい。

A. 仰臥姿勢で両膝は、しっかり伸ばす。

B. 両手は、頭の後ろに組む。

C. 30秒間、上体起こし運動を繰り返す。

D. 測定開始後は、背中が床についてはいけない。

E. 補助者は、被測定者の足が床から浮かない程度に軽く両足を押さえる。

 Q11 長座体前屈で柔軟性を問われる部分について誤っているものを1つ選びなさい。

A. ハムストリングス　　B. 腓腹筋　　C. 大腿四頭筋

D. 腰背部　　　　　　E. 肩関節

 Q12 反復横とびで測定できる体力要素について正しいものを1つ選びなさい。

A. 瞬発力　B. 筋持久力　C. 平衡性

D. 筋力　E. 敏捷性

 Q13 20mシャトルランの測定について誤っているものを1つ選びなさい。

A. 次の電子音が鳴るより早くラインに達したときは、次の電子音が鳴るまで待機していてよい。

B．電子音の間隔は、だんだん短くなるようになっている。

C．次の電子音までにラインに到達できなかったら、直ちに測定は終了となる。

D．ラインは踏んでいれば、ラインに達したとみなす。

E．ラインから反対側のラインまでの移動をもって、1回とする。

 新体力テストにおいて、全年齢層で測定が行われる体力要素として誤っているものを1つ選びなさい。

A．筋力 　　 B．筋持久力 　 C．柔軟性
D．全身持久力 　 E．敏捷性

 エクササイズガイド2006の椅子立ち上がりの測定方法について誤っているものを2つ選びなさい。

A．両足は前後に開く。

B．両手は頭の後ろで組む。

C．測定のさいには、膝が伸びきるまで立ち上がる。

D．測定のさいには、すばやく開始時の座った姿勢に戻る。

E．10回繰り返して、かかった時間を測定する。

 体力テストの結果を得点化（スコア化）して評価することのメリットについて誤っているものを1つ選びなさい。

A．kgやcmなど、単位の異なる項目間を比較できる。

B．測定が容易になる。

C．測定値のもつ意味を解釈しやすくする。

D．参加者本人にわかりやすくフィードバックできる。

E．指導者が参加者個人の体力を把握しやすくなる。

 適正な体力測定の条件の１つである「妥当性」について正しいものを１つ選びなさい。

A．測定者が意図しているものを測定できているかどうかということ

B．参加者が納得できる測定方法かどうかということ

C．同一の対象者に同一の測定を行ったときに同一の結果が出るかどうかということ

D．誰が測定しても同一の結果が出るかどうかということ

E．参加者がけがをせずに測定できるかということ

 適正な体力測定の条件の１つである「経済性」について正しいものを１つ選びなさい。

A．測定のさいに特別な測定機器を必要としないこと

B．一度に多くの人数を測定できるということ

C．測定結果の分布に偏りがないかどうかということ

D．測定によって消費者意識が高まるかどうかということ

E．参加者が楽しく参加できているかどうかということ

Answer

ある目的を達成するための運動プログラムを構成するには、まず現状を正確に把握することが大切です。健康運動実践指導者は、必要な情報を得るための正しい体力測定を実施し、その結果を適切に評価できなくてはなりません。

A1 有酸素性能力の測定

正解　A

A. ○ 直接法は、最大努力での運動中の呼気を分析することで、最大酸素摂取量を測定する方法です。測定には、一般的にトレッドミルや自動車エルゴメーターが用いられます。最も**妥当性**が高い反面、**経済性**、**安全性**、**簡便性**には劣ります。

B. ✕ 間接法は、最大下の努力により最大値を推定する方法です。

C. ✕ フィールドテストは、時間的、人的、物理的な理由でトレッドミルや自転車エルゴメーターが使用できない場合に、フィールドで行う測定方法です。多くの人数を同時に測定できるというメリットがあります。

D. ✕ 推定法は、間接法と同じ意味です。

E. ✕ プロトコルとは、測定の方法や手順を意味する言葉です。

A2 最大酸素摂取量の測定方法

正解　B、C

A. ✕ 踏み台昇降のような、測定中に負荷が変化することのない測定法です。

B.○ トレッドミルや自転車エルゴメーターで最大酸素摂取量を測定するさい、1〜3分ごとに負荷を増加させる**多段階漸増負荷法**および3〜4秒ごとに負荷を上げる**ramp負荷（直線的漸増負荷）法**が最も一般的なプロトコルです。

C.○ 上記のとおりです。

D.✕ 高負荷の後に低負荷で運動することを繰り返す方法です。一般的に用いられている方法ではありません。

E.✕ 無酸素性能力を測定する方法です。

A3 間接法の理解

正解 E

A.✕ 本問では、最大下努力における最大酸素摂取量の測定（間接法）の前提となる仮説が問われています。間接法の前提となる仮説に、血圧は関係ありません。

B.✕ 運動の種目と酸素摂取量に相関関係はありません。

C.✕ 運動強度と酸素摂取量の増加の関係は比例します。

D.✕ 間接法の前提となる仮説に呼吸数は関係しません。

E.○ 記述のほかに、「**加齢に伴い、男女とも1拍／年の割合で最高心拍数が低下する**」「運動の種目による機械的効率に個人差はなく、**運動強度の増加と酸素摂取量の増加との関係は常に一定である**」という仮説に基づいています。

第5章

問題

解答・解説

A4 無酸素性閾値（AT）

正解　A

A. ✕ 無酸素性閾値（AT）は、最大酸素摂取量と密接な関係にあります。肺活量は、これらに直接の影響はありません。

B. ◯ 最大酸素摂取量は「最大心拍出量×動静脈酸素較差」で表され、最大酸素摂取量が高いほど無酸素性閾値も高くなります。つまり、心拍出量は無酸素性閾値に影響を与えます。

C. ◯ 記述のとおりです。

D. ◯ 遅筋線維の量が多いほど最大酸素摂取量が高くなるため、無酸素性閾値も高くなります。

E. ◯ 毛細血管の量が多い、つまり密度が高いほど最大酸素摂取量が高くなるため、無酸素性閾値も高くなります。

A5 体脂肪量の測定（水中体重秤量法）

正解　B

A. ◯ アルキメデスの原理は、「物体を液体に沈めたとき、浮力の大きさはその物体が排除した液体の重さと等しい」というものです。これを利用して体脂肪量を測定するのが、水中体重秤量法です。体脂肪は水より密度が低く、除脂肪量は水より密度が高いことから**体密度**を算出します。

B. ✕ 特殊設備を必要とし、熟練技術も要求されるため、一般性は低くなります。

C. ◯ 水中で息を吐ききる努力が必要なため、子どもや高齢者の測定には不向きです。

D.⭕ **水中体重秤量法**は、二成分モデルに基づく基準法として古くから用いられており、信憑性は高いです。ただし、肺残気量の影響があることに注意が必要です。

E.⭕ D.でも述べたとおり、肺の残気量の影響を受けるという欠点があります。同じ体密度法の1つである**空気置換法**は、測定機器が非常に高価ですが、測定方法が比較的簡便で対象者への負担も軽い（水中で息を吐ききるなどの努力は不要）という利点があります。

A6 体脂肪量の測定（DXA法）

正解　C

A.✕ 被曝量に関しては、胸部レントゲン写真撮影時の0.1～6％程度であり、安全性に問題はないといえます。ただし、妊婦は胎児への影響を考え、避けたほうがよいでしょう。

B.✕ DXA法は機器の大きさの問題で、スキャンできる範囲が限られるため、身長193cm以上、幅65cm以上の体型の人は、測定が困難になります。

C.⭕ 1回の測定で、骨量、脂肪量および除脂肪除骨量（体重から脂肪量と骨量を引いた値）に分けて測ることができます。

D.✕ 左右の上肢と下肢、体幹に分けて解析することもできます。

E.✕ DXA法は、5～30分程度じっと仰向けに横たわっているだけで測定可能なため、被測定者には負担の軽い方法です。

A7 体脂肪量の測定（生体電気抵抗法）

正解　D

A. ◯ 記述のとおりです。**生体電気抵抗法（BI法、インピーダンス法）** は、体脂肪がほとんど電気を通さないため、脂肪量が多いほど抵抗値が高くなることを利用した測定方法です。

B. ◯ 姿勢や測定部位によって、電流の通る経路が異なり、抵抗値も変わります。

C. ◯ 運動や食事にともなう体内の水分量変化に、測定値が影響されます。

D. ✕ 体液分布に日内変動があり、測定に影響します。そのため、継続的に変化をみるためには同じ時間帯に測定することが大切です。

E. ◯ 測定のさい、生体に流される電流がペースメーカーの誤作動を起こす場合があります。

A8 体脂肪量の測定（皮下脂肪厚法）

正解　A

A. ◯ **皮下脂肪厚法**は、つまみ方によって皮下脂肪厚が過大・過小評価されやすく、検者の測定技術とある程度の熟練を要します。

B. ✕ 測定前に、皮膚面1平方ミリメートルに対し10gの圧力がかかるようにキャリパー（皮下脂肪の厚さを測る器具）のスプリング強度を調節し、そのスプリングの圧力のみでつまむようにします。強く圧迫してはいけません。

C. ✕ 測定は、身体の右側で行います。

D. ✕ 上腕背側部は、肩峰と肘頭（ちゅうとう）の中点を測定します。その他の主な測定部位としては、上腕腹側部、**肩甲骨下部**、腹部、大腿前部が挙げられます。

E. ✕ 皮下脂肪厚（**皮脂厚**）から体密度を算出し、体密度から体脂肪率が算出できますので、関係性があります。

A9 年齢に伴う体力水準の変化と性差

正解　D

A. ◯ 記述のとおりです。なお、新体力テストにおいて**全年齢層（6～79歳）に共通の項目**は、握力（筋力）、上体起こし（筋持久力）、長座体前屈（柔軟性）の3項目です。

B. ◯ 記述のとおりです。なお、6～64歳の共通項目として、全年齢層共通の3項目に加え、**反復横とび（敏捷性）、20mシャトルラン（全身持久力）、立幅とび（瞬発力）**が行われます。

C. ◯ 記述のとおりです。女性では、最高レベルに達した後の数年間は、体力水準を保持する傾向にあります。

D. ✕ 握力だけは、男性では30～34歳で、女性では40～44歳で最高レベルに達します。

E. ◯ 記述のとおりです。長座体前屈以外の体力は、青少年期以降、女性と比べて男性で優れた結果が得られています。

A10 上体起こし（筋持久力）の測定

正解　C

A. ✕ 上体起こしの測定のさい、仰臥姿勢で、両膝は約90度に曲げます。

B. ✗ <u>両手を軽く握り、両腕を胸の前で組みます。</u>

C. ○ 上背部の離床動作をできるだけ多く繰り返し、両肘と両大腿部<ruby>腿<rt>たい</rt></ruby>部がついた回数を記録します。測定は1回です。

D. ✗ 背中は1回1回<u>しっかり床につくまで</u>下ろします。上背部が床につかなかったら、回数としてカウントしません。

E. ✗ 補助者は被測定者の<u>両膝を抱え込むようにして</u>押さえ、しっかり固定させます。

A11 長座体前屈（柔軟性）の測定
正解　C

A. ○ ハムストリングスの柔軟性が低いと、股関節屈曲、膝関節伸展に影響があります。

B. ○ 腓腹筋の柔軟性が低いと、膝関節伸展に影響があります。

C. ✗ <u>大腿四頭筋は膝関節屈曲と股関節伸展の可動域を制限しうる筋です。よって、長座体前屈の結果には影響しません。</u>

D. ○ 腰椎屈曲も長座体前屈の結果に影響します。つまり、腰背部の柔軟性が問われます。

E. ○ 肩関節の屈曲可動域が長座体前屈の数値に影響します。

A12 反復横とび（<ruby>敏捷性<rt>びんしょうせい</rt></ruby>）の測定
正解　E

A. ✗ 新体力テストでは、<u>瞬発力（筋パワー）は立幅とびで測定</u>します。

B. ✕ 新体力テストでは、筋持久力は上体起こしで測定します。

C. ✕ 新体力テストでは、平衡性は開眼片足立ち（65～79歳対象）で測定します。

D. ✕ 新体力テストでは、筋力は握力で測定します。

E. ○ 敏捷性とは、身体全体または一部をすみやかに動かしたり、すばやく方向転換したりする能力をいいます。

A13 20mシャトルラン（全身持久力）の測定

正解　C

A. ○ 記述のとおりです。**20mシャトルラン**は、20m間をピッチ音に合わせて往復し、次第に速くなるピッチ音にどこまでついていけるかを調べ、**全身持久性体力（最大酸素摂取量）を評価**する測定です。

B. ○ 記述のとおりです。約1分ごとに電子音の間隔は短くなります。

C. ✕ 2回続けて電子音に間に合わなかった場合に、測定は終了となります。1回遅れても、次の電子音に間に合い遅れを解消できれば、測定を継続することができます。

D. ○ 電子音に合わせて、ラインを踏むか踏み越えてから走方向を変え、ライン間を往復します。つまり、ラインを踏んでいると、ラインに達したとみなされます。

E. ○ 記述のとおりです。なお、測定時は、被測定者の健康状態に十分注意し、医師の治療を受けている者や測定が困難と認められる者については、測定を行いません。

A14 新体力テストの構成

正解　E

A. ○ 全年齢層共通で握力（筋力）の測定が行われます。なお、A.～C.は、A9選択肢A.（p.113）を参照のこと。

B. ○ 全年齢層共通で上体起こし（筋持久力）の測定が行われます。

C. ○ 全年齢層共通で長座体前屈（柔軟性）の測定が行われます。

D. ○ 全身持久力の測定は、6～11歳では20mシャトルラン、12～19歳では20mシャトルランまたは持久走、20～64歳では20mシャトルランまたは急歩、65歳～79歳では6分間歩行が行われます。

E. ✕ 65～79歳では敏捷性を評価する測定（反復横とびなど）は行われません。

A15 エクササイズガイド2006

正解　A、B

A. ✕ 両足は左右に肩幅程度に開きます。**エクササイズガイド2006**（健康づくりのための運動指針2006）では、生活習慣病との関連が明らかである全身持久力と筋力を評価するため、**3分間歩行（全身持久力）と椅子立ち上がり（筋力）**を測定項目として取り上げています。なお、「健康づくりのための身体活動基準2013」ならびに「アクティブガイド」では体力測定に関する項目が削減されています。

B.✕ 両手は胸の前で交差させます。下肢の筋力は加齢の影響を受けやすいため、介護予防・転倒予防の観点からも、特に高齢期には重要な意味をもちます。

C.○ 記述のとおりです。なお、膝が完全に伸びていない場合は回数に数えません。

D.○ 記述のとおりです。なお、座る姿勢に戻ったときに殿部が椅子につかない場合は回数に数えません。

E.○ 座って立ち上がる動作を10回繰り返します。測定は2度行い、記録のいいほうを採用します。

A16 体力テストの評価

正解　B

A.○ 測定した結果を得点化することにより、cmやkgという、本来は比較できない、異なる単位で出た結果を比較できるようになります。

B.✕ 測定の実施自体が容易になることと、得点化することとは無関係です。

C.○ 得点化による評価方法には、絶対的標準法と相対的基準法があります。得点化によって、体力の相対的評価（同年代の人との比較）を知ることができ、測定値のもつ意味を解釈しやすくなります。

D.○ 得点化するにはZスコアが基本的であり、Zスコアを変換したTスコア（偏差値）や5段階評価も用いられます。これらによって、体力テストの参加者にわかりやすくフィードバックすることができます。

E.○ 体力テストの結果は「集団の体力」、「個人の体力」の両面から評価ができますが、得点化は、指導者が参加者個人の体力を把握するのにも役立ちます。

A17 適正な体力測定の条件

正解　A

A.○ 記述のとおりです。例えば、立幅とびに比べ、走り幅とび
は踏み切りのテクニックなどに大きく影響されるため、瞬
発力の測定としては妥当性が低いといえます。このよう
に、「**妥当性**」は、測定において**最も重視すべき条件**で
す。

B ✕ 参加者が興味・関心をもち、積極的に取り組むことのでき
る程度を表す「**興味性**」も大切な条件の１つです。

C.✕ 記述は「**信頼性**」のことです。さまざまな要因により測定
値の変動は避けられませんが、変動の程度が小さいほど信
頼性の高い望ましい測定といえます。

D.✕ 記述は「**客観性**」のことです。客観性は信頼性の一側面で
あり、客観性を高めるには信頼性を高める必要がありま
す。

E.✕ 記述は「**安全性**」のことです。とくに高齢者や障害者など
低体力者を対象として体力測定を行う場合は注意が必要で
す。

A18 適正な体力測定の条件

正解　B

A.✕ 記述は**「簡便性」**について述べたものです。簡便性とは、
測定方法も容易であり、身近な環境条件で誰でも簡単に測
定できる程度を意味します。

B.○ **「経済性」** とは、測定するさいの経済的・時間的負担の程
度を意味します。一度に多くの人数を、高価な測定機器な

ども使わずに測定できる方法は、経済性に優れているといえます。

C. ✕ 記述は**「正規性」**のことです。測定結果に偏^{かたよ}りのある正規性に欠けた測定では、参加者の体力水準を把握することが困難になります。

D. ✕ 体力測定と消費者意識とは<u>無関係</u>です。

E. ✕ 記述は**「興味性」**について述べたものです。参加者が積極的に取り組める測定方法でないと、参加者の本当の体力水準を把握することが困難になります。

第 **6** 章

健康づくりと
運動プログラム

【第6章　健康づくりと運動プログラム】

① 健康づくりのための身体活動基準2013、アクティブガイド

★　　健康づくりのための身体活動基準2013

・前基準の「週に3メッツ以上の身体活動を23メッツ・時」「週に3メッツ以上の運動を4メッツ・時」は変更なし。

・基準を満たすわかりやすい目安として「歩行またはそれと同等以上の強度の身体活動を毎日60分行う」「息が弾み汗をかく程度の運動を毎週60分行う」が付記されました。

・65歳以上の高齢者には、「週に身体活動を10メッツ・時」「どんな動きでもいいから身体活動を毎日40分」という新たな基準が示されました。

★★　アクティブガイド

・メインメッセージは「＋10（プラス・テン）：今より10分多くからだを動かそう」です。

・「＋10から」始めて、18〜64歳は「元気に体を動かしましょう。1日60分！」、65歳以上は「じっとしていないで、1日40分！」というわかりやすい表現で基準が提示されています。

・身体活動チェックによって分類される4つの対象者群に、①気づく！②始める！③達成する！④つながる！の段階に応じた取り組みが提案されています。

② 健康づくりのためのトレーニングの原則

★　　運動トレーニングの原則

・全面性、個別性、過負荷、意識性、反復性、可逆性、特異性の各原則の内容を押さえておきましょう。

③ 健康づくりのための運動プログラム作成上のポイント

★　　トレーニングの記述

・トレーニングの内容を記述するさいの構成要素：運動様式、強度、時間、頻度、期間

・最大酸素摂取量を増加させるための運動強度は、55〜90%HRmax／40〜85% HRreserve

④ 健康づくりと運動プログラム作成の基礎

★★　運動プログラムの構成要素

・運動様式：有酸素性運動、レジスタンス運動、柔軟性運動、バランス運動

・一般的な1回のプログラム構成：ウォームアップ→主運動（有酸素性運動、レジスタンス運動、バランス運動）→クールダウン

5 ウォームアップとクールダウン

★★　ウォームアップの効果

・運動中の内科的、整形外科的事故の予防
・参加者の運動に対する反応の観察
・パフォーマンスアップ：体温、筋温の上昇に伴うエネルギー代謝の亢進、筋の粘性低下による筋収縮速度やパワーの増加、血液循環の促進、神経機能の亢進、関節可動域の拡大、主運動に対する心身の準備

★★　クールダウンの効果

・運動後の循環器系・呼吸器系事故の予防：静脈還流の促進、過呼吸の防止
・疲労回復の促進：乳酸除去の促進

6 有酸素性運動とその効果

★★　目標心拍数（カルボーネンの式）

・目標心拍数＝（最大心拍数－安静時心拍数）×目標％運動強度＋安静時心拍数

★　運動強度の評価

・ボルグスケール＝主観的運動強度（RPE）では、中等度の運動強度はRPE11－13
・トークテスト：VTレベル＝短い会話を続けながら運動することができる運動強度

7 レジスタンス運動

★　レジスタンス運動の効果

・筋力、筋持久力、結合組織の強化
・除脂肪体重の増加や維持
・傷害の予防やリハビリ効果、関節の安定性
・骨粗鬆症、腰痛、高血圧、糖尿病のリスク低減
・太りにくいからだをつくる
・インスリン抵抗性の改善
・筋肉量の増加に伴う基礎代謝の増加
・ストレスの管理
・競技能力の向上

健康づくりのための身体活動基準2013とアクティブガイ
ドについて正しいものを1つ選びなさい。

A. 身体活動基準2013は、「健康日本21（第2次）」を策定するさ
いの基本的な考え方がまとめられたものである。

B. 身体活動基準2013では、健康づくりのための運動基準2006
で設定された身体活動量・運動量の基準が全面的に改定された。

C. 身体活動基準2013では、高齢者は「3メッツ以上の身体活動
を週に10メッツ・時行う」という新たな基準が示された。

D. アクティブガイドは、「＋10（プラス・テン）：今より10分多
くからだを動かそう」がメインメッセージとなっている。

E. 身体活動を10分増やすだけでは効果がないとの指摘を受け、
アクティブガイドはすぐに改定された。

健康づくりのためのトレーニングの原則について誤ってい
るものを1つ選びなさい。

A. 全面性の原則とは、身体全体を対象としてトレーニングすべき
であるということである。

B. 個別性の原則とは、対象者の性、年齢、体力、生活環境、性
格、運動の嗜好を考慮すべきであるということである。

C. 過負荷の原則とは、すべてのトレーニングにおいてできるだけ
強度は高くすべきであるということである。

D．意識性の原則とは、トレーニング実施者は、常にどの機能や器官をトレーニングしているのかを意識すべきであるということである。

E．特異性の原則とは、トレーニングした機能・器官でのみトレーニング効果が得られるということである。

 最大酸素摂取量を増加させるトレーニングのポイントについて適切でないものを1つ選びなさい。

A．最高心拍数の55～90％を維持する。

B．心拍予備の40～85％を維持する。

C．最大酸素摂取量の約50％以上を維持する。

D．1回につき20分以上継続する。

E．週に1回のペースで実施する。

 健康づくりのための運動プログラムを構成する各種運動について誤っているものを1つ選びなさい。

A．有酸素性運動は、酸素を取り入れながら、大筋群を使ってリズミカルに長時間行う運動であり、死亡率を減少させ、健康状態を改善する。

B．レジスタンス運動は、筋力や筋持久力を高める運動であり、腰痛を予防・軽減する効果もある。

C．レジスタンス運動は、2型糖尿病の予防にも効果がある。

D．柔軟性運動は、関節の可動域を維持・向上させる運動であり、傷害の予防だけでなく、パフォーマンスの向上にも効果がある。

E．バランス運動は、転倒などによる傷害を予防するが、バランス運動を行うことでしか効果があがりにくい。

Q5 ウォームアップを行うことの目的について誤っているものを2つ選びなさい。

A．運動参加者の不整脈の誘発を予防する。

B．運動参加者の不調感を取り除く。

C．運動参加者の筋温上昇によりエネルギー代謝が下がり、動きの効率がよくなる。

D．運動参加者の神経機能が亢進し、動きがスムースになる。

E．運動参加者の精神的な興奮を高め、より高いパフォーマンス発揮へと導く。

Q6 クールダウンにかかわる生理的現象について誤っているものを1つ選びなさい。

A．高強度の運動後に低強度の運動を数分間持続することで、高強度の運動で循環していた余計な心臓への血流を制限し、不整脈を抑制できる。

B．運動終了後にも高強度運動時の深い呼吸を反復すると過呼吸を起こしやすくなるため、クールダウンで呼吸を整えることが重要である。

C．クールダウンは、高強度運動によって発生した乳酸の除去を促進することができる。

D．高強度運動を突然停止すると、運動器に対して大きな負担が生じるが、クールダウンによってその負担を軽減できる。

E．クールダウンによって、筋肉痛を軽減することはできないという報告もある。

Q7 酸素摂取量が28ml/kg/分である運動のメッツ値として正しいものを1つ選びなさい。

A．6メッツ　B．7メッツ　C．8メッツ　D．9メッツ
E．10メッツ

Q8 有酸素性運動の運動時間および頻度について正しいものを1つ選びなさい。

A．運動強度に関係なく、時間は長くなくてはいけない。
B．アメリカスポーツ医学会（ACSM）では、健康な人は、心拍予備の30％程度の強度で有酸素性能力が向上するとされている。
C．ACSMでは、1日に最低90分の中等度の有酸素性運動をすることを推奨している。
D．1回の運動が10分以上であれば、運動時間を分割して目標の総運動時間を達成してもよい。
E．週に6日以上の有酸素性運動をすると効果が高い。

Q9 腰への衝撃を避けたい参加者に勧める機器として適切でないものを1つ選びなさい。

A．トレッドミル　　B．固定型自転車エルゴメーター
C．ステアステッパー　D．エリプティカルトレーナー
E．ローイングマシン

第6章
問題
解答・解説

Q10 レジスタンス運動のプログラム設定について誤っているものを2つ選びなさい。

A．筋力向上には、最大筋力の90％以上の重量で1～3回の反復を行い、セット間の休息は3分以上とるとよい。

B．筋肥大には、最大筋力の80％程度の重量で6～12回の反復を行い、セット間の休息は1分以内にするとよい。

C．筋持久力向上には、最大筋力の30～60％の重量で20～50回の反復を行い、セット間の休息は1～2分とるとよい。

D．筋パワー向上には、最大筋力に相当する重量で1回だけ挙げ、セット間の休息は3分程度とるとよい。

E．十分な強度と量のトレーニングを行った場合には、ダメージを受けた筋の修復に最長24時間かかる。

Answer

この章では、効果的な運動プログラムの構成に関する基本原則を学びます。健康運動実践指導者には、ここまで学んできた基礎知識とあわせ、根拠のある運動プログラムを構成する能力が求められます。

A1 健康づくりのための身体活動基準2013とアクティブガイド

正解　D

A. ✕ 2013年3月に厚生労働省健康局から発表された「健康づくりのための**身体活動基準2013**」ならびに「健康づくりのための身体活動指針（**アクティブガイド**）」は、2012年7月に策定された「健康日本21（第2次）」における身体活動・運動分野の目標を達成するためのツールとしての役割が期待されるものです。

B. ✕ 身体活動基準2013では、2006年に設定された基準「3メッツ以上の身体活動を週に23メッツ・時行う」「3メッツ以上の運動を4メッツ・時行う」が踏襲され、わかりやすい目安として「歩行またはそれと同等以上の強度の身体活動を毎日60分行う」「息が弾み汗をかく程度の運動を毎週60分行う」が新たに付記されました。

C. ✕ 65歳以上の高齢者を対象に「強度を問わず、身体活動を週に10メッツ・時行う」という新たな基準が示されました。

D. ○ 記述のとおりです。アクティブガイドは、国民一人ひとりが＋10（約＋1,000歩）を実践し、健康寿命の延伸という健康日本21（第2次）の目標を達成するためのわかりやすい指針として、A4表裏1枚にまとめられています。

E. ✕ ＋10によって、脂肪組織の減少や血圧の低減、運動器障害や認知症などの発症リスク低減の効果が期待でき、＋10は小さいながらも確実な健康への第一歩と言えます。

A2 健康づくりのためのトレーニングの原則

正解　C

A. ◯ 記述のとおりです。**特定のトレーニングに偏ると、特定の機能や器官ばかり発達して偏った身体になってしまいます**ので、全面性の原則に従ったトレーニング内容にしなくてはなりません。

B. ◯ 記述のとおりです。個別性の原則に則ったトレーニング内容にするには、個人の体力を考慮するために体力評価を適切に行う必要があります。

C. ✕ **過負荷の原則**とは、<u>トレーニングの効果を得るためには、日常生活や定期的なトレーニングで経験している以上の負荷で行わなければならないということ</u>です。トレーニングを行って機能が向上したら、さらに負荷を上げていかなくてはなりません。負荷とは負担重量や強度に限られませんので、例えば、高血圧症の予防のためのトレーニングでは、強度ではなく時間を増やすなど、**目的や状況に合わせた対応が重要**です。

D. ◯ 記述のとおりです。意識性を高めることは、トレーニングの効果を引き上げるだけでなく、実施者のトレーニングに対する知識を高め、自覚をもったトレーニングにつながります。

E. ◯ 記述のとおりです。有酸素性トレーニングを行えば有酸素能力が高まり、無酸素性トレーニングを行えば無酸素能力が高まります。**トレーニング実施者の高めたい能力に応じてトレーニングの内容を考える**必要があります。

A3 健康づくりのための運動プログラム作成上のポイント

正解　E

A. ○ 記述のとおりです。なお、（推定）**最高心拍数**は、**220－
年齢**で求められます。

B. ○ 記述のとおりです。**心拍予備とは、最高心拍数－安静時心
拍数**で求められます。この数値から目標心拍数を計算する
方法を「**カルボーネン法**」といいます。

C. ○ 最大酸素摂取量とは、単位時間あたりの酸素摂取量の最大
値であり、これが多いほど単位時間あたりのエネルギー消
費量を多くできるといえます。**最大酸素摂取量を向上させ
るためには、最大酸素摂取量の約50％を超える酸素摂取
が行われる強度のトレーニングを持続させることが必要で
す。**

D. ○ 単なるエネルギー消費としてではなく、**最大酸素摂取量を
増加させるトレーニングとしては、一定時間（20分）以
上のトレーニングを持続させることが必要**です。

E. ✕ 最大酸素摂取量の増加には、**週に３回以上のトレーニング**
が望ましいです。

A4 健康づくりのための運動プログラムの構成内容

正解　E

A. ○ 記述のとおりです。**有酸素性運動の具体的な種目はウォー
キング、自転車、水泳、ハイキング、エアロビクス、アク
アビクス**などがあります。

B. ○ 記述のとおりです。**レジスタンス運動**は、姿勢を改善する
効果があり、腰痛を予防・軽減します。

C. ○ 記述のとおりです。レジスタンス運動は、**インスリン感受性**を高めるため、糖の利用促進につながります。

D. ○ 記述のとおりです。**柔軟性運動**によって筋の緊張が低下し、動作が円滑になることでパフォーマンスは向上します。

E. ✕ **バランス運動**は、<u>太極拳やヨガなどバランス能力を維持・向上させる運動</u>ですが、<u>筋力トレーニングで代用できる部分もあります</u>。

A5 ウォームアップ

正解　B、C

A. ○ **身体は安静状態から即時には運動状態に適応できない**ため、ウォームアップを行わないと不整脈を誘発しやすくなります。

B. ✕ 主運動に入る前のウォームアップの段階で**参加者の様子を観察し、主運動の実施の可否や内容の変更を検討**することが重要です。<u>不調感を取り除くことがウォームアップの目的ではなく</u>、体調が悪そうな参加者に決して無理をさせてはいけません。

C. ✕ 筋温が上昇すると<u>エネルギー代謝が上がる</u>ため、筋が力を発揮しやすい状態になります。

D. ○ ウォームアップによって体温、筋温が上昇すると、神経機能が亢進するため、**動きをスムースにしたうえで、主運動を開始**することができます。

E. ○ 適切にウォームアップが行われると**精神的な興奮も高まり、主運動に対する心身の準備が整います**。その結果、より高いパフォーマンス発揮につながります。

A6 クールダウン

正解　A

A. ✕ 低強度の運動を数分間持続するといった適切なクールダウンは、<u>静脈還流（心臓へと戻る血流）を促進する</u>ので、不整脈を防止することができます。クールダウンをせずに高強度運動を突然停止すると、心臓への血液の戻りが悪くなり、血圧低下や心臓の虚血などが起こりやすくなります。

B. ◯ 記述のとおりです。深い呼吸を反復すると、二酸化炭素の排出量を増加させてしまい、血液がアルカリ性に傾きます。その結果、血圧低下や筋けいれんを起こす現象が過呼吸です。

C. ◯ 記述のとおりです。統計によると、最大酸素摂取量の32%強度の運動で、乳酸の除去効果が最大になります。

D. ◯ 記述のとおりです。高強度の運動を突然停止すると、**運動器に対して物理的に大きな負担をかけ、傷害や痛みを起こす危険性**が高まります。クールダウンで落差を小さくすることが重要です。

E. ◯ 記述のとおりです。筋肉痛は、クールダウンやストレッチングでは軽減されないという報告があります。

A7 有酸素性運動の強度（メッツ値）

正解　C.

A. B. D. E. ✕ C.の記述のとおりです。

C. ◯ 「28 ÷ 3.5 ＝ 8」という計算から求められます。メッツとは、運動中の酸素摂取量が安静時の何倍かを表す運動強度

の単位です。安静時の酸素摂取量である3.5ml/kg/分を1メッツとします。したがって、2メッツは7 ml/kg/分、4メッツは14ml/kg/分、8メッツは28ml/kg/分となります。また、メッツに時間と体重をかけると**およその消費カロリー**が計算できます。

> 例）体重70kgの人が8メッツのジョギングを1時間実施した場合：70（kg）×8（メッツ）×1（時間）＝560kcal

A8 有酸素性運動の運動時間と頻度

正解　D

A. ✕ 運動強度と時間の積が有酸素性能力の向上に影響するので、運動強度を上げてその分、時間を短縮することも可能です。

B. ✕ ACSMでは、健康な人の場合、心拍予備の50～85%強度の運動で、心肺系フィットネスが改善し、有酸素性能力が向上するとしています。

C. ✕ 20分から60分程度の運動を行うことが推奨されています。

D. ◯ 記述のとおりです。**低体力者にとっては1日に30分×1回でも10分×3回でも同じ効果が得られる**ことから、分割での運動でもよいとされています。

E. ✕ 週に6日以上のトレーニングを行っても、効果の増大は期待できず、傷害のリスクが増大するとされています。

A9 有酸素性運動機器の選択と使用上の留意点

正解　A

A.✗ **トレッドミル**は、下肢の筋力強化にも効果的である反面、比較的衝撃が大きく、腰や股関節、膝関節、足関節に障害を起こすおそれもあるため、既に腰痛がある対象者など腰への衝撃を避けたい人には勧められません。また、ベルトの下がスチールであるため、走りすぎが原因となる足底筋のオーバーユースにも注意する必要があります。

B.◯ **固定型自転車エルゴメーター**は、少ない衝撃で高負荷がかけられるのが特徴で、下肢の筋力強化にも効果的です。背もたれ付きのタイプなら、腰や膝の負担をさらに軽減できますが、腰痛の種類や症状によっては痛みを助長する場合もあるので、注意が必要です。

C.◯ **ステアステッパー**は、衝撃の少ない、階段昇りの動きで、下肢の筋力強化にも効果的です。ただし、膝や股関節に問題がある場合には、実施可能かどうか主治医に確認する必要があります。

D.◯ **エリプティカルトレーナー**は、クロスカントリースキーと階段昇降を合わせた動きで、衝撃が少ないため膝に障害のある人にはいい選択肢といえます。また、上肢を動かせるタイプもあり、エネルギー消費量をさらに上げることができます。

E.◯ **ローイングマシン**は、全身の筋力向上にも効果的です。

第6章 問題 解答・解説

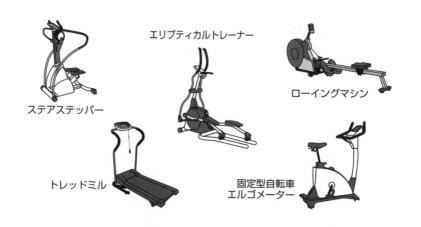

ステアステッパー

エリプティカルトレーナー

ローイングマシン

トレッドミル

固定型自転車
エルゴメーター

A10 レジスタンス運動のプログラム設定

正解　D、E

A.○ レジスタンス運動とは筋力や筋持久力、筋量の増大を目的として、筋に負荷抵抗を与える運動です。**筋力向上**には90～100%強度の負荷、1～3回の反復、3～5セット、セット間の休息3分以上が望ましいとされています。

B.○ **筋肥大**には75～85%強度の負荷、6～12回の反復、3～5セット、セット間の休息1分以内が望ましいとされています。

C.○ **筋持久力向上**には30～60%強度の負荷、20～50回の反復、2～3セット、セット間の休息1～2分が望ましいとされています。

D.✕ **筋パワー向上**には30～60%強度の負荷を最大速度で反復し、反復回数にはこだわらず、2～3セット、セット間の休息は3分程度が望ましいとされています。

E.✕ 十分な強度と量のトレーニングを行うと、その回復段階で**筋は微細な傷を修復しながら肥大**します。動的なトレーニングの場合には、修復に**48～72時間**かかります。

第 **7** 章

運動指導の
心理学的基礎

筆記試験「ここが重要！」

※★の数が多いほど、重要分野になります。優先順位をつけて学習すると効率的に学習できます。

【第7章　運動指導の心理学的基礎】

① 運動実践に関わる社会・心理・環境的要因

★　　セルフエフィカシー

・セルフエフィカシーとは「運動を妨げる要因を克服する見込み感（自信）」です。

・セルフエフィカシーを向上させる４方法：

①成功体験、②代理的経験、③言語的説得、④生理・情動的喚起

② 運動実践によって得られる心理社会的効果の内容とその効果を高める要因

★　　身体活動・運動の心理的効果

・身体活動・運動の実施は、ストレスおよび不安、抑うつを低減させるなどメンタルヘルスにいい影響を与えます。

③ 運動を採択、継続、および停止を予防するために適用されている行動への理論・モデルおよび技法

★★　　トランスセオレティカル・モデル

・行動に対する個人の準備性に合わせた介入を行うさいに用いるモデルのことです。

・４つの構成要素：

①変容ステージ、②セルフエフィカシー、③意思決定のバランス、④変容プロセス

・中心となる「変容ステージ」の５つのステージを押さえておきましょう。

④ 募集にさいして要因を明確にし、多くの参加者を得るための留意点

★　　ソーシャルマーケティング

・対象者の考えに合うような解決法を考案するアプローチのことです。

・市場の細分化（セグメント化）：

対象者の特徴（ニーズ、欲求、価値観等）によるグループ分け

⑤ 指導と受講のミスマッチと解決方法

★　　運動指導時のミスマッチ

・①運動内容のミスマッチ、②参加者の準備性のミスマッチ、③運動指導にかかわる効率と効果のミスマッチ

6 個別指導における動機づけとカウンセリングの方法

★★　動機づけ面接

・患者の中のアンビバレンス（対立する感情）を探り、解消することにより、患者の動機づけを高める患者中心の指導法のことです。

・人は自律的に動機づけられたさいに行動を変えるという考え方に基づいています。

・①ラポールの形成、②アジェンダの設定、③重要性、自信、および準備状態の評価、④重要性の探求、または自信の構築、の順に進行します。

・①～④の注意点を押さえておきましょう。

運動指導の心理学的基礎

🔗 *Question* 🔗

 運動に関する決定要因を述べたものについて誤っているものを1つ選びなさい。

A．家族、友人、運動教室の指導者からの運動に対するサポートといった社会的要因は、運動の採択・継続に多大な影響を及ぼす。

B．スポーツクラブにおいて、友人と一緒に運動を行うよりも、クラブ内でできた友人と社交をもつことのほうが、運動の頻度および運動セッションへの参加に関連を示すことが知られている。

C．セルフエフィカシーとは、運動のバリアを克服する見込み感のことである。

D．セルフエフィカシーを高める方法には、代理的経験、言語的説得、生理・情動的喚起の3つがある。

E．人々の運動行動を促進させるためには、運動の機会を得やすい環境を整えてあげることも重要である。

⋯⋯⋯⋯⋯⋯⋯⋯⋯⋯⋯⋯⋯⋯⋯⋯⋯⋯⋯⋯⋯⋯⋯⋯⋯⋯⋯⋯⋯⋯

 身体活動・運動のもたらす心理社会的効果について誤っているものを1つ選びなさい。

A．メンタルヘルスの低下

B．ストレスや不安、抑うつの低減

C．良質な睡眠の確保

D．社会的ネットワークの拡大

E．世代間活動の強化

Q3 トランスセオレティカル・モデルに関する記述について誤っているものを１つ選びなさい。

A． トランスセオレティカル・モデルはプロチャスカらによって提唱された。

B． 変容ステージ、セルフエフィカシー、意思決定のバランス、変容プロセスの４つの要素で構成される包括的モデルである。

C． 変容ステージは、「準備ステージ」、「実行ステージ」、「維持ステージ」の３つに分けられる。

D． 現在、運動を定期的に行っているが始めたばかりの人は、実行ステージに属すると考えられる。

E． ステージ間の移行は、次のステージへと直線的に移行するのではなく、前後のステージを行ったり来たりしながら、らせん状に移行する。

Q4 トランスセオレティカル・モデルを述べたものについて正しいものを１つ選びなさい。

A． 変容ステージとセルフエフィカシーについては、それぞれ独立したものであり、別個の観点から十分に考慮されなくてはならない。

B． 意思決定バランスとは、行動の意思決定においては、それに関与する行動の簡便性と困難性を比較検討して決定されるというものである。

C． 後期のステージに属する人ほど、意思決定のバランスは行動に対するバリアを高く見積もる傾向がある。

D． トランスセオレティカル・モデルは、人の行動変容の説明だけにとどまらず、変容を起こさせる具体的方略を「変容プロセス」において示している。

E．変容プロセスは、「認知的方略」と「行動的方略」の2つに大別され、それぞれ3つずつ、合計6つのプロセスが示されている。

対象者に合わせた運動指導について誤っているものを1つ選びなさい。

A．運動教室を開催するさい、ソーシャルマーケティングの考え方を適用した参加者の募集を行うのは有効である。
B．市場の細分化（セグメント化）とは、対象者の特徴によって対象者をグループ分けすることである。
C．指導と受講のミスマッチには、運動内容のミスマッチ、参加者の準備性のミスマッチ、運動指導にかかわる効率と効果のミスマッチの3つが存在する。
D．指導にあたっては、参加者の運動経験や運動能力を把握し、参加者に合った運動強度・難度を見極めることが重要である。
E．運動指導においては、指導者が参加者につきっきりで個別指導を行うことがあらゆる場面で一番効果的である。

動機づけ面接について関係のないものを1つ選びなさい。

A．フォーマティブリサーチ
B．ラポールの形成
C．アジェンダの設定
D．重要性、自信および準備状態の評価
E．重要性の探究または自信の構築

Q7 動機づけ面接での良好な信頼関係の構築について誤っているものを2つ選びなさい。

A. 信頼関係の構築は、面接を行ううえでの基盤となる部分であり、以後の作業にも多大な影響を与えるため、慎重に行う必要がある。

B. 対象者と初めて会うさいには、最初に指導者としての知識や経験を一方的に話し、どれだけ適切な助言ができるかをしっかりと示すことが重要である。

C. 言語的コミュニケーションとは言葉や文字による伝達のこと、非言語的コミュニケーションとは声のトーン、イントネーション、速さなどのことを指す。

D. 信頼関係の構築にあたっては、非言語的コミュニケーションについても細やかな注意が必要である。

E. 対象者との適度な距離感を保ったり、目線の高さを合わせたり、適度にアイコンタクトを行うことが、快適なコミュニケーションを行ううえで重要である。

Answer

どんなに効果の高い運動プログラムでも、対象者にそれを実践してもらえなければ意味がありません。この章では、トランスセオレティカル・モデルを中心に、運動を開始・継続させるための理論と実践方法を学びます。

A1 運動実践にかかわる社会・心理・環境的要因

正解　D

A.◯ 記述のとおりです。サポートの内容は、一緒に運動を行ったり、運動について話し合ったり、励ましたり、理解を示すことも含まれます。また、運動を行っている人と接するだけでもその影響を受け、動機づけが高まります。

B.◯ スポーツクラブの会員を対象とした研究で、もともとの友人と運動を一緒に行うことが、必ずしも運動の頻度やセッションへの参加と関連を示さないこと、そして、クラブの中に友人をもち、クラブ外でもこれらの友人と社交をもつことが、関連を示すことが明らかにされています。

C.◯ 記述のとおりです。セルフエフィカシーは、バンデューラの提唱した社会的認知理論の中の主要な概念です。「運動を妨げる要因を克服する見込み感（自信）」と定義できます。

D.✕ セルフエフィカシーを高める方法は、<u>成功体験</u>、代理的経験、言語的説得、生理・情動的喚起の<u>4</u>つです。

E.◯ 記述のとおりです。例えば、自宅にある運動器具の数が運動実践に関連のあること、年齢・教育歴・収入にかかわらず、運動施設の近くに住んでいる人の運動実施率が高いことなどが知られています。運動指導者は、こうした環境的要因も考慮して運動行動を促進していく必要があります。

A2 運動実践によって得られる心理社会的効果

正解　A

A. ✗ 身体活動・運動の実施が**メンタルヘルス**を<u>好ましく変化さ</u><u>せる</u>ことは、多くの研究によって裏づけられています。また、WHOの高齢者に対する身体活動のためのガイドラインでも、身体活動の生理的効果だけでなく、**心理的効果や社会的効果**も示されています。それらの効果の一例は、本問B.～E.の記述のとおりです。

B. C. D. E. ○ 記述のとおりです。その他、身体活動・運動は、認知機能や女性の更年期症状に対して、肯定的な効果をもつとされています。

A3 トランスセオレティカル・モデル（TTM）

正解　C

A. ○ 記述のとおりです。個人の行動に対する準備性に合わせた介入を行うさいに用いられる**トランスセオレティカル・モデル（TTM）**は、現在、運動行動に限らず、喫煙行動や食行動などさまざまな健康行動の変容過程に適用されています。

B. ○ 記述のとおりです。**複数の理論の複合モデルであるTTM**の特徴は、行動に対する**個人の準備性に応じて強調する介入内容を変化**させる必要性を説いている点です。

C. ✗ 変容ステージは、<u>「前熟考ステージ」</u>、<u>「熟考ステージ」</u>、<u>「準備ステージ」</u>、<u>「実行ステージ」</u>、<u>「維持ステージ」</u>の<u>5つ</u>に分けられます。

D.〇 記述のとおりです。なお、その他のステージの考え方は、次のとおりです。前熟考：現在行っておらず、今後も行うつもりがない。熟考：現在行っていないが、今後行うつもりはある。準備：不定期に行っているか、今後すぐに行うつもりである。維持：6か月以上定期的に行っている。

E.〇 記述のとおりです。次のステージに進んでも何らかのきっかけで前のステージに戻ってしまうことはよくあります。TTMは、こうした**逆戻り**は当然あるものとして、その予防策も事前に講じておく必要性を説いています。

A4 トランスセオレティカル・モデル（TTM）

正解　D

A.✕ **変容ステージ**と**セルフエフィカシー**は、密接に関連すると考えられています。セルフエフィカシーの増加が、後期の変容ステージへの移行につながるとされています。

B.✕ **意思決定バランス**とは、行動の意思決定においては、それに関与する行動の恩恵（メリット）と負担（デメリット）を、比較検討して決定されるというものです。メリットが大きいと判断されたさいに、行動が起きるとされています。

C.✕ 後期のステージに属する人ほど、意思決定のバランスは負担の知覚が低く恩恵の知覚が高いとされています。

D.〇 記述のとおりです。この点が、TTMが他の理論・モデルに比べて秀でているといえます。

E.✕ **変容プロセス**は、「認知的方略」と「行動的方略」の2つに大別され、それぞれ5つずつ、合計10のプロセスが示されています。後期のステージに進むほど行動的方略を用いる傾向にあるとされています。

A5 ソーシャルマーケティング、指導と受講のミスマッチ

正解　E

A. ○ 記述のとおりです。**ソーシャルマーケティング**とは、対象者が「自分にはこれが最適だ」と考えているものを探り、それに合うような解決方法を考案するというアプローチです。

B. ○ 記述のとおりです。対象者の特徴（ニーズ、欲求、価値観など）によって**セグメント化**することにより、そのグループのニーズや価値観に合った形で健康行動を勧めることが可能になるため、それが採択される可能性も高まります。

C. ○ 記述のとおりです。参加者の準備性のミスマッチとは、運動をすでに実践している人から運動の必要性すら感じていない人までいる集団に対して、画一的な働きかけを行っている場合などです。

D. ○ 記述のとおりです。参加者の運動経験や運動能力を見極めることなく、低体力者や未経験者にいきなり強度や難度の高い運動をさせている場合などに、運動内容のミスマッチが起きているといえます。

E. ✕ 個別指導は、個人に対する「効果」という点では最良ですが、多数の人に対する運動の「普及」という点では最も効率の悪い指導といえます。これが、運動指導にかかわる効率と効果のミスマッチです。

A6 動機づけ面接

正解　A

A. ✗ フォーマティブリサーチは、ソーシャルマーケティングに関連する用語で、<u>動機づけ面接とは無関係</u>です。

B. ○ **ラポールの形成**は、動機づけ面接の最初に行うべきことです。効果的な面接とするためには、対象者との間に**良好な信頼関係＝ラポール**が築かれていることが大前提となります。

C. ○ **アジェンダの設定**は、ラポール形成後に行う変容すべき行動についての話し合いです。指導者側から押しつけるのではなく、**対象者が自らやる気になって決めるように導く**ことが動機づけ面接において最も重要なことです。

D. ○ **重要性、自信および準備状態の評価**は、アジェンダの設定の次に行われる、対象者の行動変容に対する重要性、自信、準備状態の評価です。それぞれ 0 ～ 10 の数字で答えるなどの方法により行われます。

E. ○ **重要性の探究**では、行動変容に対する対象者の中の「アンビバレンス（対立する感情）」を明確にし、**自身に気づかせます**。行動の変容、行動を変容させないことに対する利点、難点を探る目的があります。また、**自信の構築**では、過去の成功や失敗体験を話し合い、検討することなどにより、行動変容に対する自信を醸成していきます。

A7 ラポールの形成

正解　B、C

A.○ 記述のとおりです。ラポール（信頼関係）を形成することは、対象者の**「心を開かせる」**ことにつながり、指導者の助言を受け入れる準備が整った状態になります。

B.✕ 対象者と初めて会うさいには、最初に必ず、<u>その人の話に耳を傾け、関心をもっている姿勢を示す</u>ことが大切です。

C.✕ 声のトーン、イントネーション、速さなどは<u>準言語的コミュニケーション</u>と呼ばれます。信頼関係の構築において、これらに注意を払うのは当然のことといえます。

D.○ 記述のとおりです。C.の言語的コミュニケーションや準言語的コミュニケーションだけでなく、非言語的コミュニケーション（E.の問題文参照）についても細やかな注意を払うことで、信頼関係の構築につながります。

E.○ 記述のとおりです。これらの非言語的コミュニケーションも含め、コミュニケーションを円滑に進めるためには、相手をよく観察し、相手の立場に立った言動を心がけることが重要です。

第7章
問題
解答・解説

第 **8** 章

健康づくり運動の実際

【第8章　健康づくり運動の実際】

① 健康運動実践指導とは

★　　健康運動実践指導者に必要とされる能力

・健康運動実践指導者に求められる、①適切な運動プログラムを構成する能力、②動きの見本を示す実演能力、③動きを教える指導能力について、養成用テキストに記載されたポイントを押さえておきましょう。

② ウォームアップとクールダウン

★★　　ウォームアップの目的と効果

・目的：
①運動による外傷や障害、内科的事故の発生予防
②主運動のパフォーマンス向上
③心身の準備を整え主運動への意欲や集中力を喚起
④体調の把握
・効果：筋温上昇、関節可動域の拡大、反応時間短縮、酸素摂取効率・持久力の向上、運動開始時の酸素不足予防

★　　ウォームアップ実施上の注意点

・環境条件（暑い・寒いなど）に応じて時間・方法・内容を工夫する必要があります。
・適切なウエアを着用して行います。
・主運動に合わせた内容を行います。
・運動強度を徐々に高めていきます。

★★　　クールダウンの目的と効果

・目的：
①乳酸の拡散・代謝による疲労回復の促進
②筋ポンプ作用による静脈環流量の確保
・効果：血流量の維持、活動筋に蓄積した乳酸の除去、急激な血圧低下・めまいの防止、過換気緩和

★　　クールダウン実施上の注意点

・主運動で使った部位を入念に行います。

・運動強度を徐々に下げていきます。

・疲労感の強い部位や傷害歴がある部位などを優先的に行います。

・環境やウエアに配慮し、保温、リラックスに努めます。

3 ストレッチング

★★★　静的ストレッチング

・筋や腱をゆっくりと伸ばしていき、伸ばした状態をしばらく維持する方法です。

・筋紡錘による伸張反射を起こさずに筋を伸ばすことができます。

・腱紡錘（ゴルジ腱器官）による筋の弛緩効果も得られる点で有効です。

★★　　動的ストレッチング

・伸ばした状態を維持するのではなく、動きながら筋や腱を伸ばす方法です。

・動的（ダイナミック）ストレッチングはウォームアップにおいて有効です。

・はずみや反動をつけて行うバリスティックストレッチングは一般人の健康づくり運動には不向きとされています。

★★　　ストレッチングの目的と効果

・疲労回復：血液循環を促進し、筋への酸素供給や老廃物除去を早める

・柔軟性の向上：関節可動域（ROM）を広げる

・ウォームアップ：主働筋・共働筋・拮抗筋の協調性を高め、動作を円滑にする

・リラクゼーション：副交感神経活動を亢進し、大脳のα波を増加させる

★　　　ストレッチングの注意点

①心身ともにリラックスした状態で行います。

②筋が温まった状態で行います。

③反動をつけずにゆっくり伸ばします。

④実施している間は息を止めず、自然な呼吸をします。

⑤安定した姿勢をとります。

⑥伸ばす筋を意識します。

⑦他人と比べずに行います。

⑧バランスよく行います。

⑨段階を追って行います。

4 ウォーキングとジョギング

★★ ウォーキングとジョギングによる運動効果

- 1回拍出量の増加、安静時心拍数の減少
- 骨格筋の毛細血管やミオグロビンの増加
- 脚筋群の筋断面積の増大
- 総コレステロール・中性脂肪の減少、HDLコレステロールの増加
- 生活習慣病や心疾患の危険因子の減少、メタボリックシンドロームの改善
- 各種自覚症状（肩こり、めまい、不快感など）や更年期障害による不定愁訴の改善
- 骨粗鬆症の予防

★ ウォーキングの特性

- 歩行運動：立脚期・遊脚期（加速期・中期・減速期）、片脚支持期・両脚支持期といった局面が存在します。
- 地面反力が比較的小さく、整形外科的な危険性の少ない、安全な運動といえます。
- 主に腰部と下肢の筋群（大殿筋・大腿四頭筋・大腿二頭筋・腓腹筋＋ヒラメ筋・前脛骨筋）が活動します。
- 速度の目安は、日常生活の歩行速度に比べて「やや速く」が適当です。
- 女性は、歩幅が狭く、速度を上げるために歩幅でなく歩数を増やす傾向にあります。

★★★ ウォーキングとジョギングのプログラムとフォーム

- 時間と頻度：有酸素性能力の向上のためには、1回20〜30分以上、週2〜3回行うことが勧められます。
- ウォーキングのフォーム：最も重要な点は普段よりもやや歩幅を広げることです。（その他のポイントも養成用テキストでチェックしましょう。）
- ジョギングのフォーム：自然でリラックスしたリズミカルな走りを目指します。（具体的なポイントを養成用テキストでチェックしましょう。）
- 強度：推定最高心拍数の50％程度〜75％程度、主観的歩行速度で「やや速い」、主観的運動強度で「ややきつい」の指標から総合的に判断します。

★★ ランナー膝（ジャンパー膝）

- ジョギングを行うことにより膝蓋骨と大腿骨がこすれ合って生じる痛み
- 膝蓋骨の位置異常、ハムストリングスやアキレス腱の柔軟性不足、大腿部の筋力不足などが原因
- 予防法としては、大腿部前・後面のストレッチングや内側広筋の強化

★　　脛骨過労性骨膜炎（シン・スプリント）
・下腿部の特に下１／３内側に生じる痛み
・予防法としては、ジョギング前の十分なストレッチングや筋力強化、シューズの中敷使用

⑤ エアロビックダンス

★★　　エアロビックダンスの特性
・目的：呼吸循環器系、筋持久力、柔軟性、巧緻性など幅広い運動機能の向上
・指導者が参加者の性別、年齢、身体特性、体力、技術、目的などに応じてプログラムを作成
・指導者が示す動きを参加者が模倣
・下肢・上肢の運動が連続的に組み合わされた全身運動
・音楽に合わせた運動であり、音楽によって心理的効果や運動強度が変動
・幅広い層の参加者が一度に参加できるため、指導中は各参加者にとっての運動強度の確認が必要
・限られた場所で、大人数が全身運動を長時間実施することが可能
・運動強度・頻度が同程度のジョギングと同等の効果

★★　　エアロビックダンスの運動強度
・健康づくりのための身体活動基準2013では５〜10メッツ（平均７メッツ程度）
・推定最高心拍数の50〜75％程度を目標心拍数とするのが適当
・①体の移動の大きさ、②動かす部位（筋）の多さ、③発揮する力の大きさ、④動きの速さ（音楽のテンポ）、で強度を調節

★　　エアロビックダンスのプログラム
・ウォームアップ：10分程度、筋温・心拍数・酸素摂取効率の上昇、疲労・傷害の予防、10秒程度のスタティックストレッチングかゆるやかなダイナミックストレッチング
・主運動：20〜30分間、運動強度はアップ→キープ→ダウンの３段階に徐々に変化（ベルカーブ）、偏りなく全身の筋を使用
・クールダウン：５〜10分間、ストレッチングやリラクゼーション、静脈還流の促進、疲労物質の除去

★　　エアロビックダンスの音楽
・ウォームアップ：120〜130bpmのややゆっくりとしたテンポ

- 主運動：アップ・キープ・ダウンに応じたテンポの変化（例：140→155→140bpm）
- クールダウン：静かでゆっくりとした曲調であればbpmは不問
- ジャンプを伴うステップなら速め（140〜160bpm）、ジャンプのないステップなら少し遅め（130〜150bpm）
- 中高年者：全体的に20〜30bpm遅めのテンポ、原則的にジャンプのないステップのみ

★★　エアロビックダンスの指導者の役割
- 安全で、効果的で、かつ楽しいプログラムを作成
- 運動強度を急激に変化させない、上肢を頻繁に挙上させない、高強度の運動を長時間続けない、肥満者や低体力者にハイインパクトの運動をさせない、同じ動作を過度に反復させないことに留意
- 運動前：プログラム内容の説明、参加者の服装チェック、水分補給の推奨、異常時の運動中止の指導などを実施
- 運動中：適切な動きの説明やキューイング、参加者の動作チェックと適切な対応の指示、参加者とのコミュニケーションなどを実施
- 手本となるよい動きを明確に実施

6 水泳・水中運動
★★★　水泳・水中運動の特性
- 浮力：水中にある体の体積と等しい水の重さの分だけ重力と反対方向に働く力
- 浮力の働きによって、陸上では脚や膝を痛めやすい運動でも、体に無理な衝撃を加えることなく実施が可能
- 抵抗と揚力：水中を移動中に水から受ける力のうち、移動方向と逆向きに受ける力が抵抗、垂直方向に受ける力が揚力
- 抵抗や揚力は、水面に対して体の傾きが大きくなるほど増加
- 水中運動では、手を開いたほうが抵抗は増加、速く動かしたほうが抵抗は増加
- 水中運動は、水圧によって静脈還流が促進され1回拍出量が増加するため、陸上よりも低い心拍数で運動が可能
- 推進力：腕のかきや脚のけりによって水に与える力の反作用で得られる力
- 水泳時の推進力は腕のかきが中心（脚のけりが中心の平泳ぎでも30〜40％は腕のかき）

★★　水泳・水中運動の効果
- 心肺機能の向上や減量、生活習慣病予防

・筋力・筋持久力の向上
・呼吸筋が鍛えられることによる呼吸機能の改善
・血管の収縮・拡張機能、体温調節機能の向上
・下肢の血液循環の促進
・関節可動域の改善
・浮力や水流の影響を受けることによるバランス能力の向上

★★★ 水泳・水中運動の指導ポイント
・目標心拍数：推定最高心拍数の50〜75％程度−10〜15拍
・水泳は、1回5〜10分、週に3日程度からを目安とし、徐々に30分くらいまで時間を延長
・け伸び、浮いた姿勢からの立ち方、クロールについて、養成用テキストの記述を押さえておきましょう。
・アクアビクスでは、動きの工夫によって心拍数を調整
・水中ウォーキングのポイントは、①底をしっかりと踏みしめる、②腕を大きく振る、③前傾姿勢をとり、水を押しのけるようにして進む
・水中レジスタンス運動では、水中運動用手袋を利用するなどして負荷を調節

★　　水泳・水中運動の安全
・中高年者の健康のための水泳としては、クロールや背泳が適当
・水泳中の事故発生時には、すぐに水から引き上げ、救護室へ運び、適切な対応をとります。
・溺水の場合は、救助者が巻き込まれないよう自分の能力をよく考えて救助します。
・飛び込みによる頸椎損傷が発生したら、頸部をできる限り動かさずに安全な場所へ搬送し、下顎挙上法によって気道確保、直ちに救急車を要請します。

７ レジスタンス運動
★★★ 筋の活動様式
・等尺性筋収縮（アイソメトリック）：関節角度に特異性
・等張性筋収縮（アイソトニック）：短縮性収縮（コンセントリックまたはポジティブ）と伸張性収縮（エキセントリックまたはネガティブ）
・等速性筋収縮（アイソキネティック）：特別な装置が必要

★★★ **目的に合わせたレジスタンストレーニング**

目的	重量 (上段：初・中級、 下段：上級)	反復回数 (上段：初・中級、 下段：上級)	動作スピード	休息時間	セット数 (上段：初級、下段： 中・上級)
最大筋力	60〜70% 1 RM	8〜12回	スロー〜中速	2〜4分	1〜3セット
	80〜100% 1 RM	1〜6回			計画的に数セット多く
筋肥大	70〜80% 1 RM	8〜15回	スロー	30〜90秒	1〜3セット
	70〜100% 1 RM	1〜12回			3〜6セット
筋パワー	30〜60% 1 RM	3〜6回	高速	2〜4分	1〜3セット
	80〜100% 1 RM スピード重視： 30〜60% 1 RM	1〜6回			3〜6セット
筋持久力	30〜50% 1 RM	10〜15回	スロー→高速	1〜2分 10〜15回：1分以下	1〜3セット
		10〜25回			3〜6セット

★★ **フリーウエイトトレーニングの種目**

・フリーウエイトトレーニングの各種目について次の項目を整理しておきましょう。

①開始姿勢

②グリップ

③動作

④強化される筋

★ **レジスタンストレーニングの安全な実施**

・体調チェック：

運動前の血圧測定

①食欲不振、睡眠不足、疲労感、胸が締めつけられるような感じ、動悸を感じる

②体温37℃以上

③安静時心拍数100拍/分以上

上記のいずれかに該当する場合は運動中止

・呼吸法：胸郭が開くときに吸気、力発揮時に呼気、息を止めないよう注意

・正しいフォーム

・トレーニングベルト：80% 1 RM以上の重量を扱うときは必須、腹圧を高め安定した姿勢維持、腰背部保護

・補助者：高重量・多回数のトレーニング時には必須、一般的には2名で実施

・ウォームアップとクールダウン：軽重量で数セット、ストレッチング

★　アイソメトリックトレーニングの種目

・アイソメトリックトレーニングの各種目の動作、強化される筋、注意点を押さえておきましょう。

★　自重や用具を使ったトレーニングの種目

・自重などを利用した各トレーニング種目について次の項目を確認しておきましょう。
　①開始姿勢
　②動作
　③強化される筋

★　サーキットトレーニング

・8〜12種目（初心者は6種目）、上肢・肩腕・体幹・下肢・全身などから1〜3種目ずつバランスよく構成
・同一筋群の種目が連続しないように配列し、主働筋・拮抗筋、上半身・下半身の種目を交互にするなどの工夫
・トレーニング時間が10〜30分間となるようプログラムを作成
・スーパーサーキットウエイトトレーニング：レジスタンストレーニング（最大筋力の40〜60％の負荷、12〜15回）30秒間と有酸素性運動など30秒間とを交互に実施する呼吸循環器系への負荷が高いトレーニング

Chapter 8

健康づくり運動の実際

Question

Q1 健康運動実践指導者が見本を示すさいのポイントについて誤っているものを1つ選びなさい。

A．関節可動域を十分に使う。

B．動きの再現性が高い。

C．動作の始まりと終わりの位置が明確である。

D．動きの節目にわかりやすくアクセントをつける。

E．音楽が伴う場合にはリズムに合わせる。

Q2 動きの指導をするさいのポイントについて正しいものを1つ選びなさい。

A．参加者の緊張を誘発しないように、目が合う回数は少なくするべきである。

B．対面指導は、最も動きの見本がわかりやすい指導方法である。

C．キューイングでは、動きのイメージがわきやすいような言葉を用いるとよい。

D．指導中の声の大きさは、メリハリを少なくして安定した雰囲気を出す。

E．参加者の動機はそれぞれ異なるので、むやみに励ましたり、アドバイスしたりしないほうがよい。

A　ウォームアップとクールダウン

 Q3 ウォームアップとクールダウンについて正しいものを2つ選びなさい。

A．ウォームアップとは、体温・筋温を高めて筋の働きを活発にし、身体各部を運動に適した良好な状態にすることである。

B．クールダウンとは、主運動の後に軽い全身運動などで血液循環を促し、徐々に身体を安静レベルに戻していくことである。

C．近年の健康ブームによって、ウォームアップやクールダウンの効果や安全性、実施方法に関する知識は、一般人にも広く普及している。

D．十分な運動時間がない場合は、ウォームアップやクールダウンは省略してもよい。

E．運動指導者は、主運動の指導に力を注ぎ、ウォームアップやクールダウンは参加者に任せておけばよい。

 Q4 ウォームアップの目的について誤っているものを1つ選びなさい。

A．運動中の事故・障害の予防

B．主運動のパフォーマンス向上

C．疲労回復の促進

D．主運動に向けての心身の準備

E．体調の把握

Q5 ウォームアップの実際について正しいものを１つ選びなさい。

A．体温を上昇させるためには、ウォーキング、ジョギング、自転車こぎなどの低強度の有酸素性運動では、効果が不十分である。

B．ラジオ体操は、どの年齢層のウォームアップとしても活用できる。

C．姿勢保持の時間が長い静的ストレッチングは、ウォームアップとして適切ではない。

D．ウォームアップは、運動時間全体の30％を占めるようにプログラムするとよい。

E．マッサージは、ウォームアップに含まれない。

Q6 ウォームアップ実施上の注意点について誤っているものを１つ選びなさい。

A．環境条件に応じて方法・内容を決める。

B．実施時間は、常に一定時間を確保して行う。

C．適切なウェアを着用する。

D．主運動に応じた内容を行う。

E．運動強度は漸増させる。

Q7 クールダウンの目的について誤っているものを１つ選びなさい。

A．ミルキングアクションの抑制

B．乳酸除去の促進   C．血液貯留の解消

D．静脈還流量の確保   E．疲労回復の促進

クールダウンの実際について正しいものを1つ選びなさい。

A．クールダウンにおいては、中〜高強度の有酸素性運動がよく用いられる。

B．四肢や体幹の関節をゆるやかに動かす体操は、筋への血行を促進する。

C．姿勢保持の時間が長い静的ストレッチングは、クールダウンとして適切ではない。

D．クールダウンは、運動時間全体の30%を占めるようにプログラムするとよい。

E．マッサージはクールダウンに含まれない。

 クールダウン実施上の注意点について誤っているものを2つ選びなさい。

A．主運動で使った部位をストレッチングやマッサージでほぐすとよい。

B．運動強度を徐々に下げていくようにする。

C．少ない時間の中では、疲労感の強い部位、過去に傷害歴のある部位、主運動で筋肉痛や慢性障害をきたしやすい部位を優先的に行う。

D．静的ストレッチングでは、ゴルジ腱器官を刺激しないように行う。

E．外気温が低いときには、しばらく薄着でいることによって、できるだけ早く体温を下げるようにする。

B ストレッチング

Q10 ストレッチングについて正しいものを1つ選びなさい。

A．ストレッチングとは、関節を曲げたり伸ばしたりして、意識的に関節の「軟骨や靭帯を伸ばす」運動のことである。

B．ROMとは、関節の伸張時間のことである。

C．静的ストレッチングとは、はずみをつけて行うものである。

D．動的ストレッチングとは、筋を伸ばした状態を保持する方法である。

E．静的ストレッチングを普及させるきっかけをつくったのは、ボブ・アンダーソンである。

Q11 ストレッチングの種類とその特性について正しいものを1つ選びなさい。

A．静的ストレッチングは、ダイナミックストレッチングとも呼ばれる。

B．動的ストレッチングは、伸張反射を引き起こさない。

C．伸張反射とは、ゴルジ腱器官が筋の張力に反応して腱を弛緩させる働きのことで、これを利用したストレッチングをバリスティックストレッチングという。

D．セルフストレッチングでは、伸ばしたい筋の拮抗筋（きっこうきん）の力を抜くと、よりよく伸びる。

E．コントラクト・リラックスとは、PNFストレッチングの技術である。

静的ストレッチングに関する身体のメカニズムについて
誤っているものを1つ選びなさい。

A．静的ストレッチングでは、ゆっくりと筋や腱を伸張していき、
伸張した状態をしばらく維持する。

B．腱紡錘は筋の長さと伸張速度を感知する感覚器である。

C．静的ストレッチングを行えば、伸張反射を起こさずに筋を伸張
させることができる。

D．ゴルジ腱器官は筋から腱への移行部にある固有受容器である。

E．静的ストレッチングでは、ゴルジ腱器官による筋の弛緩効果も
得られる。

 ストレッチングの目的・効果について誤っているものを1
つ選びなさい。

A．競技選手における目的は、コンディショニング（筋の調整・補
強）、リハビリテーション、慢性疾患の治療である。

B．一般人における目的は、疲労回復、柔軟性の向上、ウォーム
アップあるいはクールダウンなどである。

C．ストレッチングは、血液循環を促し、乳酸の除去を早める疲労
回復効果がある。

D．ストレッチングを行うことで、腱や筋の伸張性が増して、関節
可動域が広がる。

E．静的ストレッチングは、筋温の上昇をもたらさない。

第8章　問題　解答・解説

Q14 ストレッチングの効果について正しいものを２つ選びなさい。

A．関節可動域の減少
B．血液循環の抑制
C．筋の協調性の向上
D．大脳のα波の増加
E．局所のこりや疲れの蓄積

 Q15 一般人の柔軟性向上のための静的ストレッチングについて誤っているものを１つ選びなさい。

A．種類：大きな関節に対する静的ストレッチングを軽い不快感を感じる程度に行う。
B．時間：10〜30秒保持する。
C．回数：各筋群に対し、１回ずつ繰り返す。
D．頻度：最低週に２〜３回行う。
E．頻度：ウォームアップとクールダウンの一部に必ず加える。

 Q16 一般人に対して指導するストレッチングについて正しいものを２つ選びなさい。

A．頸部のストレッチング　　　B．ヨガ・プラウ
C．ハードラーズ・ストレッチ　D．バレエ・ストレッチ
E．アキレス腱伸ばし

Q17 静的ストレッチングを実施するさいには、（　　　）こと
が大切である。（　　　）に入る言葉として誤っているも
のを1つ選びなさい。

A．筋が温まった状態で行う

B．実施している間は息を止めず、自然な呼吸をする

C．安定した姿勢をとる

D．伸ばす筋を意識する

E．スポーツで使った筋だけ伸ばす

C　ウォーキングとジョギング

Q18 ウォーキングの特長について誤っているものを1つ選びな
さい。

A．誰でもできる　　　　　　B．道具がいらない

C．日常生活に取り入れやすい　D．安全である

E．強度設定を考えなくてよい

Q19 日常生活の歩行における1歩行周期の局面別の割合につい
て正しいものを1つ選びなさい。

A．立脚期60%　遊脚期40%　両脚支持期10%

B．立脚期65%　遊脚期35%　両脚支持期10%

C．立脚期70%　遊脚期30%　両脚支持期5%

D．立脚期75%　遊脚期25%　両脚支持期5%

E．立脚期80%　遊脚期20%　両脚支持期5%

第8章　問題　解答・解説

Q20 有酸素性能力の向上を目指してウォーキングを行う場合の運動時間と頻度について正しいものを１つ選びなさい。

A．１回につき10分で、それを週に６回行う
B．１回につき20分で、それを週に３回行う
C．１回につき20分で、それを週に１回行う
D．１回につき30分で、それを週に３回行う
E．１回につき30分で、それを週に１回行う

. . . .

 Q21 有酸素性能力の向上を目的とするジョギングを行う場合の時間と頻度について誤っているものを１つ選びなさい。

A．１回につき10分を週に５回程度
B．１回につき20分を週に３回程度
C．１回につき30分を週に３回程度
D．１回につき40分を週に２回程度
E．１回につき60分を週に２回程度

. . . .

 Q22 ウォーキングの速度について正しいものを２つ選びなさい。

A．自然歩行の速度は、60歳程度までは差がない。
B．毎分60〜80mで歩行するときエネルギー消費量が最小である。
C．平均的な自然歩行の速度は、女性より男性のほうが速い。
D．一般的に、毎分160mを超えると歩行を続けることは困難になり、走行に切り替わる。
E．ウォーキングの速度は、速ければ速いほど運動効果は高い。

ウォーキングの「やや速く」歩くときの歩幅について正しいものを1つ選びなさい。

A．歩幅が身長の30％程度になる。

B．歩幅が身長の45％程度になる。

C．歩幅が身長の50％程度になる。

D．歩幅が身長の65％程度になる。

E．身長と歩幅は関係がない。

 体重50kgの人が毎分65mで40分間のウォーキングを行った場合のエネルギー消費量について正しいものを1つ選びなさい。

A．約100kcal

B．約110kcal

C．約120kcal

D．約130kcal

E．約140kcal

 体重60kgの人が毎分130mで20分間走ったときのエネルギー消費量について正しいものを1つ選びなさい。

A．約120kcal　　B．約140kcal　　C．約160kcal

D．約180kcal　　E．約200kcal

Q26 ジョギングの基本的なフォームについて正しいものを2つ
選びなさい。

A．足の裏全体で着地する。
B．前傾姿勢を保つ。
C．腕は力強く振る。
D．できるだけ自然な呼吸を心がける。
E．足先はまっすぐ前を向くようにする。

Q27 ウォーキングにおける安全上の注意について正しいものを
1つ選びなさい。

A．体温が38度程度までなら、軽いウォーキングは実施してよ
い。
B．季節を問わず、できるだけ日中の明るい時間に実施する。
C．水分摂取は運動前には控えておき、運動で喉が渇いてから摂っ
たほうが効果的である。
D．服装は、発汗を多くするためにウインドブレーカーなどを着用
するほうが効果的である。
E．歩く場所は1か所ではなく、できるだけさまざまな場所を選ぶ
ほうがよい。

Q28 ジョギングで発生する膝の障害について誤っているものを
1つ選びなさい。

A．ランナー膝は、膝蓋骨と大腿骨がこすれ合って生じる痛みのこ
とである。
B．腸脛靭帯炎とは、膝の外側の骨と腸脛靭帯がこすれて生じる痛

みである。

C．変形性膝関節症とは、関節軟骨がすり減ることで膝関節が変形して生じる痛みである。

D．ジョギングによる膝の屈曲伸展の繰り返しで、半月板や内側側副靭帯が損傷する場合がある。

E．膝の障害のほとんどは、使いすぎだけが原因である。

 Q29 ジョギングによる下腿および足関節の障害について正しいものを1つ選びなさい。

A．下腿三頭筋の肉離れとは、繰り返される筋の疲労により収縮力が下がった状態をいう。

B．アキレス腱炎は足の回外傾向が主な原因である。

C．コンパートメント症候群とは、繰り返しの筋収縮などで下腿部の組織内圧が上がり、急激な痛みやしびれが生じることである。

D．脛骨の疲労骨折とは、ジョギングの着地の衝撃などの蓄積で筋が疲労してしまったために複雑骨折してしまうことである。

E．足関節捻挫で一般的なのは、外反捻挫である。

 Q30 初心者がウォーキングを行うさいの心拍数の最初の目標値について正しいものを1つ選びなさい。

A．推定最高心拍数の50%程度

B．推定最高心拍数の60%程度

C．推定最高心拍数の70%程度

D．推定最高心拍数の80%程度

E．推定最高心拍数の90%程度

Q31 ジョギングの強度設定について正しいものを2つ選びなさい。

A．最初は推定最高心拍数の70%程度を目標とする。

B．慣れてきたら、推定最高心拍数の90%程度まで高めていく。

C．3種類の速度で走行し、それぞれの速度での心拍数を計測して、適当な強度を判断していく。

D．計測のための走行時間は、各1分以上とする。

E．各速度の走行とも2〜3回ずつ行って、心拍数の平均値を求める。

D エアロビックダンス

Q32 エアロビックダンスの特性について正しいものを2つ選びなさい。

A．有酸素性運動以外の要素は、できるだけ排除したプログラムであることが望ましい。

B．定型の基本的なプログラム構成を守った内容でなければならない。

C．音楽のテンポによって、動作の反復回数や関節の可動範囲が変わるので、音楽は運動強度を決める重要な要素といえる

D．参加者がある程度自分で強度調整をすることで、誰でも一緒に運動を楽しむことができる。

E．大人数が参加しても少人数のときと同様の動きを行うことができ、同様の効果を得ることができる。

Q33 「健康づくりのための身体活動基準2013」に示されたエアロビックダンスの運動強度について正しいものを1つ選びなさい。

A．平均的には5メッツ程度
B．平均的には6メッツ程度
C．平均的には7メッツ程度
D．およそ3～8メッツ
E．およそ8～12メッツ

 Q34 エアロビックダンスのプログラムについて誤っているものを1つ選びなさい。

A．ウォームアップは、60分のプログラムなら10分程度行われる。
B．ウォームアップでスタティックストレッチングを行うことは適切ではない。
C．主運動での運動強度は、ベルカーブを描くように変化させるとよい。
D．140bpm未満のテンポをローインパクト、140bpm以上のテンポをハイインパクトという。
E．クールダウンでは、リラクゼーションを行うことも有効である。

第8章 問題 解答・解説

Q35 エアロビックダンスに適したシューズや床について誤っているものを１つ選びなさい。

A. 足の感覚を重視するために、特につま先の部分は薄めのソールがよい。

B. ソールは、適度に柔らかいものがよい。

C. 靴底は、適度に滑りやすいものがよい。

D. 床は、適度に滑りやすいものがよい。

E. 床は、体育館の床よりも柔らかい程度がよい。

Q36 シン・スプリントについて正しいものを１つ選びなさい。

A. 骨の一部に繰り返しの負担がかかって生じる骨折のこと

B. アキレス腱炎のこと

C. 膝関節障害の総称のこと

D. 腰関節障害の総称のこと

E. 脛骨過労性骨膜炎のこと

Q37 エアロビックダンスのプログラム作成について誤っているものを２つ選びなさい。

A. 楽しさよりも、効果を最優先にするべきである。

B. 上肢も大きく挙上するような動きを多用するべきである。

C. 高強度の運動は、長時間行うべきではない。

D. 肥満者には、ハイインパクトは行うべきではない。

E. 同じ動作を過度に反復するべきではない。

Q38 エアロビックダンスの参加者への指導について正しいものを１つ選びなさい。

A．思い込みによる誤った動きをさせないために、運動前には動きの説明はしないほうがよい。

B．連続する異なる動きに参加者がついてこられなくなったら、足踏みしているだけでもよいと指示する。

C．運動中に体に異常を感じても、途中で運動をやめることは体に負担になるので、自分で調節して強度を下げて続けさせるほうがよい。

D．指導者は、動きの正確さを崩さないために、固定の立ち位置から動くべきではない。

E．指導者が見せる手本は、レベルを下げた動きを意図的に行い、参加者に無理をさせないことが重要である。

E　水泳・水中運動

 Q39 水泳・水中運動の特性について正しいものを１つ選びなさい。

A．肺に空気を吸い込むと、ほとんどの人は水より比重が小さくなるので、水に浮くことができる。

B．水中での抵抗は、進行方向に対する投影面積の２乗に比例する。

C．水圧の影響で、下肢は特に血液循環が悪くなるので注意が必要である。

D．クロールの推進力では、腕かきによるものより脚の蹴りによる推進力のほうが大きい。

E．水中での揚力は速度と反比例して下がっていく。

第8章

問題

解答・解説

Q40 水中での体の反応について正しいものを１つ選びなさい。

A．水圧の影響で呼吸筋が補助される状態になるので、水中では呼吸が容易になる。

B．水温が低いと、防衛のために体はエネルギーを放出しなくなる。

C．水泳の水温は低いほどよく、水中運動の水温は10度程度がよい。

D．水中での心拍数は、陸上で同様の運動を行うときより上昇する。

E．熟練者と未熟練者が同じ速度で泳ぐ場合、熟練者のほうが少ないエネルギーで泳げる。

....

Q41 水泳・水中運動の実施上のポイントについて誤っているものを１つ選びなさい。

A．長時間泳げない人は、25m泳いで少し休むことを繰り返すというインターバル形式の水泳でも構わない。

B．クロールでは、左右の腕を１回ずつかく間に左右の脚を３回ずつ計６回蹴る方法が基本である。

C．アクアビクスは、浮力により膝や腰の衝撃が少なくなるため、高齢者や膝・腰に障害がある人に適している。

D．水中ウォーキングは、歩く速度に関係なく一定の運動効果が期待できる。

E．帽子とゴーグルは基本的には使用すべきである。

Q42 水泳・水中運動で生じる傷害について誤っているものを1つ選びなさい。

A．クロールやバタフライでは、烏口肩峰靭帯が損傷しやすい。

B．平泳ぎは、膝を痛めやすい。

C．腰痛を有する人は、バタフライは控えたほうがよい。

D．水温が高いと、脱水による筋けいれんを起こしやすい。

E．飛び込みによる頸椎損傷を防ぐには、両手を前へ伸ばし、全身を緊張させて遠くに飛ぶように指導することが大切である。

 Q43 水中の事故について正しいものを2つ選びなさい。

A．事故者を発見したら、安静のため水面に浮かせておく。

B．自分の泳力に自信がないときは、溺水者の救助に向かうべきではない。

C．泳げる人でも溺れることはある。

D．飛び込みによる頸椎損傷が発生した場合は、事故者の首を前に曲げたままの状態で固定しておく。

E．適切な救急処置を施すことができれば、救急車を呼ぶ必要はない。

第8章

F　レジスタンス運動

Q44 レジスタンストレーニングにおける筋の活動様式について正しいものを1つ選びなさい。

A．アイソメトリックトレーニング：等張性筋収縮
B．エキセントリックトレーニング：短縮性筋収縮
C．アイソトニックトレーニング：等尺性筋収縮
D．アイソキネティックトレーニング：等速性筋収縮
E．コンセントリックトレーニング：伸張性筋収縮

Q45 レジスタンス運動の運動様式について誤っているものを1つ選びなさい。

A．ピュアアイソトニックとは反動なしのスロー動作のことである。
B．ノーマルアイソトニックはレジスタンス運動での一般的な挙上パターンである。
C．オキソトニックは強さの加減が容易である。
D．バリスティックアイソトニックは中上級者向きの運動である。
E．日常行動に近い筋力発揮の運動はオキソトニックである。

Q46 トレーニングプログラムの立案について誤っているものを1つ選びなさい。

A．トレーニングプログラムを立案するためには、生理学、物理学、心理学などの基本的理論を理解しておく必要がある。
B．レジスタンス運動の基本的原理・原則には、全面性、個別性、過負荷、意識性、反復性、特異性、可逆性、漸進性などが挙げら

れる。

C．高齢者にとって特に強化が必要な筋は、大胸筋、広背筋、三角筋、上腕二頭筋などである。

D．レジスタンス運動の頻度としては、週に2〜3回行うのがよい。

E．レジスタンス運動の効果は、行えば必ず得られるような簡単なものではない。

 Q47 レジスタンストレーニングの導入について誤っているものを1つ選びなさい。

A．最初の準備期間で正しいトレーニングフォームを習得する。

B．フォーム習得のためには軽量負荷の反復トレーニングを行う。

C．未経験者や低体力者はまず基礎筋力を養成する。

D．基礎筋力の養成として、腹筋と背筋の強化種目を複数行う。

E．基礎筋力養成のための反復回数は10〜15回である。

 Q48 最大筋力の向上を目的としたトレーニングにおけるセット間の休息時間として正しいものを1つ選びなさい。

A．30〜60秒間

B．60〜90秒間

C．1〜2分間

D．2〜4分間

E．5〜10分間

Q49 筋肥大のためのトレーニングについて誤っているものを2つ選びなさい。

A．重量：初・中級者は1RMの70〜80%、上級者は1RMの70〜100%
B．回数：初・中級者は8〜15回、上級者は1〜12回
C．セット数：初級者は1〜3セット、中・上級者は3〜6セット
D．動作スピード：素早く（短縮1秒、伸張1秒）
E．休息時間：3〜5分

 Q50 筋パワー増大のためのトレーニングについて誤っているものを1つ選びなさい。

A．重量：初・中級者は1RMの30〜60%、上級者は1RMの30〜60%（筋力増強）または80〜100%（スピード強化）
B．回数：初・中級者は3〜6回、上級者は1〜6回
C．セット数：初級者は1〜3セット、中・上級者は3〜6セット
D．動作スピード：素早く
E．休息時間：2〜4分

 Q51 筋持久力向上のためのトレーニングについて誤っているものを1つ選びなさい。

A．重量：初・中級者は1RMの30〜50%、上級者は10〜25回で筋が疲労する程度の重量
B．回数：初・中級者は10〜15回、上級者は10〜25回
C．セット数：初級者は1〜3セット、中・上級者は3〜6セット
D．動作スピード：最初は素早い動作、慣れたらスロー動作

E．休息時間：15〜20回以上の反復回数の多い動作では１〜2
分、10〜15回の反復回数では１分以下

Q52　MAX測定方法について正しいものを１つ選びなさい。

A．MAX測定には、初級者向きの１RMテストと中・上級者向き
の最大下テストがある。

B．１RMとは、１回しか上げられない重量、つまりMAXを指
す。

C．１RMテストを行ってもよい種目は、シットアップやバックエ
クステンションなどが挙げられる。

D．最大下テストとは、特殊な装置を用いて、最大挙上重量を推定
する方法である。

E．最大下テストは、20回以上反復したときに限界を迎える軽い
安全な重量を使う。

**Q53　フリーウェイトトレーニングとマシントレーニングについ
て誤っているものを１つ選びなさい。**

A．フリーウェイトトレーニングの長所は、エキセントリックの筋
力発揮が多いことから筋力向上や筋肥大の効果が大きいことであ
る。

B．フリーウェイトトレーニングの短所は、全身運動や多関節の種
目では技術習得に時間がかかることである。

C．マシントレーニングの長所は、スポーツ動作や日常動作と類似
した動作のトレーニングが可能であることである。

D．マシントレーニングの短所は、バランス感覚を養う効果が少な

いことである。

E．マシントレーニングの種類として、ウェイトスタック式、油圧式、空気圧式、電磁式などがある。

Q54 各トレーニング種目の説明について誤っているものを2つ選びなさい。

A．ベンチプレス：肩腕部のアイソトニック種目で、強化される筋は大胸筋、上腕三頭筋、三角筋。ベンチ台に仰臥し、バーベルをオーバーグリップで握り、両腕で支持したバーベルを押し上げたり、ゆっくり下ろしたりする運動。

B．パームプレス：肩腕部のアイソメトリック種目で、強化される筋は、大胸筋、三角筋。両手を合わせてお互いに押し合う、動きのない運動。

C．チンニング：背部のアイソトニック種目で、強化される筋は、脊柱起立筋、大殿筋。床で伏臥位をとり、上体と両脚をゆっくりと上げたらゆっくり下ろす運動。

D．サイドレイズ：肩腕部のアイソトニック種目で、強化される筋は、上腕三頭筋、大胸筋。両手にダンベルを持ち、直立姿勢で腕を外転位、水平まで持ち上げる運動。

E．フルスクワット：下肢のアイソトニック種目で、強化される筋は、大殿筋、大腿四頭筋、ハムストリングス。直立姿勢でバーベルを担ぎ、ゆっくりしゃがんで、立ち上がる運動。

Q55 サーキットトレーニングについて正しいものを１つ選びなさい。

A．サーキットトレーニングは、F1ドライバーの身体づくりのために考案された特殊なトレーニングである。

B．サーキットトレーニングのプログラムの配列は、一般的には８〜12種目で、上半身種目がすべて終わったら下半身種目に進むようにして、全身が使えるようバランスよく選ぶ。

C．負荷を使う場合の負荷設定は、最大反復回数が30回を上回る重量を選ぶ。

D．サーキットウェイトトレーニングとは、通常８種目以上のマシンなどのレジスタンストレーニング種目を選択し、種目間に休憩を入れずに連続して行う方法である。

E．スーパーサーキットトレーニングとは、レジスタンストレーニング種目のそれぞれの間に、30秒程度のランニングや縄とびを挟んで行う呼吸循環器系への負荷が強い方法である。

Answer

健康運動実践指導者にとって、最も大切な章です。適切な運動プログラムを構成し、自ら見本を示して指導できる能力は、筆記試験においても実技に関する基礎知識という形で問われてきます。

A1 動きの見本

正解　D

D. ✕ 動きの見本を示すさいには、**関節可動域を十分使い、左右差がなく、何度でも同じ動きができ、不必要な動きや癖（変なアクセント）がなく、音楽のリズムやフレーズに合っている、**などといった基本があります。よって、A.B.C.E.は見本を示すさいのポイントにあてはまりますが、D.は誤りです。

また、見本を示すときの立位姿勢として、**脊柱の弯曲**バランスを保ち、左右の脚へ均等に荷重し、身体の一部に無理あるいは無駄な力が入っていない姿勢で、膝とつま先の向きをそろえる、といった基本があります。

A2 動きの指導

正解　C

A. ✕ 参加者と目を合わせることで、指導者が参加者を観察・評価していることを示すことができます。にこやかで、温かい視線で参加者を見るようにしましょう。

B. ✕ 対面指導は、**コミュニケーションをはかりやすい**反面、動きが逆となるため、見本を示すには分かりにくくなる可能性があります。

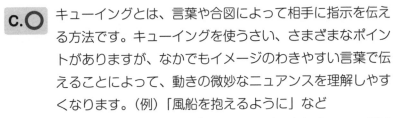

C.○ キューイングとは、言葉や合図によって相手に指示を伝える方法です。キューイングを使うさい、さまざまなポイントがありますが、なかでもイメージのわきやすい言葉で伝えることによって、動きの微妙なニュアンスを理解しやすくなります。(例)「風船を抱えるように」など

D.✕ 指導中は、**メリハリと抑揚**をつけた**話し方**によって、相手の注意をひき、的確に伝えられるようになります。

E.✕ 参加者に目標を与え、アドバイスし、励まし、承認することで、参加者は、運動への動機づけが高まり、**継続しやすく**なります。

A3 ウォームアップとクールダウン

正解　A、B

A.○ 記述のとおりです。従来、日本では準備運動と呼ばれていましたが、近年は、その目的自体を表す言葉で呼ばれることが一般的になっています。

B.○ 記述のとおりです。従来は整理運動と呼ばれていたものです。

C.✕ 健康づくりのための主運動に関する知識に比べ、ウォームアップやクールダウンに関する知識は、一般人にあまり普及しているとはいえません。

D.✕ 身体に急激な変化を強いて自律神経系や呼吸循環系、筋骨格系などに障害をきたすおそれがあるため、ウォームアップやクールダウンは省略してはいけません。

E.✕ ウォームアップやクールダウンは、時間がないという理由で省略されたり、そもそもその重要性の認識不足から十分に行われない場面が多いので、けがなく楽しく運動を続けてもらうためにも、運動指導者はウォームアップやクールダウンに関して適切な指導を行わなくてはなりません。

A4 ウォームアップの目的

正解　C

A.○ 適切なウォームアップを行うことで、**運動による外傷や障害、循環系の発作など内科的事故の発生を予防**することができます。

B.○ ウォームアップによって筋温が高まり、**発揮できる筋力や柔軟性が増加**します。これにより、身体が動かしやすくなり、主運動のパフォーマンスが向上します。

C.✕ 疲労回復を促進するのは<u>クールダウン</u>です。

D.○ 安静な状態から徐々に身体を動かしていくことは、身体的にはもちろん、**心理的にも準備状態をつくり、運動への意欲や集中力を高めます。**

E.○ 主運動前のウォームアップを通して、自分の健康状態や体調を知ることができます。また、指導者が参加者の顔色や動きを見ることで体調を把握し、**事故を未然に防ぐこと**ができます。

A5 ウォームアップの実際

正解　C

A.✕ 体温を上昇させるためには、ウォーキング、ジョギング、自転車こぎなどの<u>軽い全身運動（低強度の有酸素性運動）</u>が、有効かつ一般的です。

B.✕ ラジオ体操は、**中高年者には難しい、あるいは不適当な動きも含まれる**ので、ウォームアップとして用いることは<u>不適当です。</u>

C.〇 記述のとおりです。**静的ストレッチングは体温・筋温上昇につながらないうえ、筋の緊張を緩めてしまう**ので、筋力やパワー発揮を必要とするスポーツにおいては、**かえってパフォーマンスを低下させてしまう**ことがあります。

D.✕ ウォームアップは、一般的には、運動時間全体の<u>10%</u>前後が必要といわれています。もちろん、主運動の内容、場所、気温、運動実施者の特性に合わせて決める必要があります。

E.✕ マッサージもウォームアップに<u>含まれます</u>。さする、軽くたたく、もむなどのマッサージによって、筋の血行促進を図ることができます。

A6 ウォームアップ実施上の注意点

正解　B

A.〇 **ウォームアップは、体温を上昇させることが重要**なので、季節や時間帯、運動場所などの環境条件に応じて実施方法や内容を工夫する必要があります。

B.✕ 実施時間は一定ではなく、<u>状況に応じて変化させます</u>。例えば、外気温が高い場合は、体温上昇が容易なのでウォームアップにかける時間は少なめでも構いませんが、反対に寒冷環境では、十分時間をかけて念入りに行う必要があります。

C.〇 夏季には通気性がよいウェアを着用したり戸外で日よけの帽子をかぶったり、また、冬季は防寒具を着用して保温に努めるなど、**環境に合わせた適切なウェア**等を着用します。

D.〇 **主運動での動作やよく使われる部位、傷害を発生しやすい部位を考慮**した内容とします。例えば、ウォーキングやジョギングでは下肢筋群を、ラケットスポーツでは利き腕

の筋群を念入りに温める、といった具合です。

E. ◯ 負担の少ない弱い強度から始めて、**徐々に強度を上げてい
きます**。ストレッチングでも、はじめは狭い可動域で行
い、**段階的に可動域を広げていきます**。

A7 クールダウンの目的

正解　A

A. ✕ **ミルキングアクションとは筋ポンプ作用**（第2章参照）の
ことで、クールダウンにより促進されます。筋ポンプ作用
は、運動中に筋で使われた血液が心臓へ戻るのを助けるの
で、運動後のめまいや立ちくらみなどを防止することがで
きます。

B. ◯ クールダウンによって血液循環が保たれることで、筋から
血液への乳酸の拡散や代謝が促進され、**安静にしているよ
り乳酸の除去速度が速まります**。

C. ◯ 血液貯留とは、静脈還流量（静脈を通って心臓へ戻る血液
の量）の減少により、血液が活動筋に溜まってしまった状
態のことをいいます。クールダウンによって、筋ポンプ作
用を促進し、静脈還流量を確保することで、血液貯留を解
消することができます。

D. ◯ 上記のとおり、クールダウンによって静脈還流量が確保さ
れます。これにより、**乳酸の除去が進むなど、疲労回復の
促進につながります**。

E. ◯ 上記のとおり、クールダウンによって乳酸の除去が早まり
ますので、疲労回復の促進につながります。

A8 クールダウンの実際

正解 B

A. ✗ クールダウンには、<u>低～中強度の有酸素性運動</u>が適しています。

B. ○ 記述のとおりです。記述のような体操は、関節をほぐすことにも効果があります。

C. ✗ クールダウンには、**15～30秒程度**の静的ストレッチングが用いられます。**主運動で使った筋群の緊張をほぐす**効果があるうえ、主運動で筋や腱が温まった状態なので、**柔軟性を高める**にも適したタイミングといえます。

D. ✗ 一般的には、運動時間全体の<u>10%前後</u>といわれています。数分間の有酸素性運動、関節をほぐす体操、静的ストレッチングおよびマッサージといった順で行い、次第に体温を下げていくようにします。

E. ✗ マッサージを<u>クールダウンに含めることは非常に有効</u>です。自分で行うセルフマッサージや、パートナーと行うマッサージを状況に応じて実施するとよいでしょう。

A9 クールダウン実施上の注意点

正解 D、E

A. ○ 記述のとおりです。例えば、走競技、跳躍、ダンス、球技などの体重負荷型運動では、下腿三頭筋の疲労が大きいので、下腿三頭筋のストレッチングやマッサージが有効です。

第8章 問題 解答・解説

B.○ 記述のとおりです。例えば、ジョギング、ウォーキングなら**速度を徐々に落としていきます**。足を止めたあとは、**立位→座位→臥位（寝た姿勢）と体位を変えることで抗重力筋の負担を減らしていきます**。抗重力筋とは、大殿筋、大腿四頭筋、下腿三頭筋などのような、重力に対して身体を支えている筋を指します。

C.○ 記述のとおりです。

D.✕ 静的ストレッチングは、筋の弛緩をもたらすゴルジ腱器官（腱紡錘）を刺激する必要があります。そのために、**ストレッチングの姿勢を15〜30秒間姿勢を保持します**。

E.✕ 外気温が低いときは、よく汗を拭き、上着を着用して保温に努め、徐々に体温を下げるようにします。

A10 ストレッチングについて

正解　E

A.✕ ストレッチングとは、関節を曲げたり伸ばしたりして、意識的に**「筋や腱を伸ばす」運動**のことです。関節可動域を広げる柔軟運動として広く普及しています。

B.✕ ROMとは、range of motionの略で、**関節可動域（関節が動く範囲）**のことです。

C.✕ 静的ストレッチングとは、**筋をゆっくり伸ばしていき、その伸ばした状態を一定時間維持するストレッチング**です。

D.✕ 動的ストレッチングとは、**動きを伴う機能的ストレッチング**で、筋の血流を促進し、筋温を上げることができます。以前は、弾みをつけたり、他者が押したり引っ張ったりして行われることが多く、筋や靭帯を痛める危険性が高い方法でした。

E.◯ 記述のとおりです。E.の記述について覚えていなかった
としても、A.～D.が明らかに誤っていると判断できれ
ば、正解を導き出すことができます。

A11 ストレッチングの種類とその特性

正解　E

A.✕ 静的ストレッチングは、スタティックストレッチングとも
呼ばれます。**筋**や腱をゆっくりと伸張させて、その状態を
しばらく維持する方法です。

B.✕ 動的ストレッチングは、伸張反射を引き起こすことができ
るので、競技スポーツのウォームアップとして導入されて
います。動きを伴うストレッチング全般を動的ストレッチ
ング（ダイナミックストレッチング）、その中でも**反動を
つけて行うものをバリスティックストレッチング**といいま
す。

C.✕ **伸張反射**とは、筋の中の筋紡錘という感覚器が、筋が著し
くあるいは急激に伸ばされるのを感知して、反射的に筋を
収縮させて筋の断裂などを防ぐ仕組みです。

D.✕ 伸ばしたい筋の拮抗筋に力を入れて行うと、より有効なス
トレッチングを行うことができます。また、自分一人で行
うストレッチングを**セルフストレッチング**、パートナーの
力を借りて伸ばしてもらうストレッチングを**パートナース
トレッチング**といいます。

E.◯ コントラクト・リラックスとホールド・リラックスは、
PNFストレッチングの技術です。PNFストレッチングと
は、リハビリテーション医学の技術である固有受容性神経
筋促通法（PNF）を利用したストレッチングで、正しい
知識と技術をもって行わなくてはなりません。

A12 静的ストレッチングに関するメカニズム

正解　B

A.◯ 記述のとおりです。

B.✕ 筋の長さと伸張速度を感知するのは、**筋紡錘**です。

C.◯ 記述のとおりです。筋をゆっくりと引き伸ばしていき、軽く緊張を感じるところで止めるようにする静的ストレッチングであれば、筋紡錘を刺激しないため、伸張反射が起きるのを防ぐことができます。

D.◯ 記述のとおりです。**ゴルジ腱器官**は、**腱紡錘**とも呼ばれ、腱にかかる張力を感知する**固有受容器**（体内の特定の変化などを感知するセンサー）です。

E.◯ 記述のとおりです。ゴルジ腱器官は、筋の収縮によって腱が必要以上に引き伸ばされてしまうような張力を感知すると、筋を弛緩させて（緩ませて）、腱が損傷するのを防ぎます。

A13 ストレッチングの目的・効果

正解　A

A.✕ 競技選手におけるストレッチングの目的は、コンディショニング（筋の調整・補強）、リハビリテーション、慢性疾患の再発防止です。

B.◯ 記述のとおりです。

C.◯ 記述のとおりです。筋は、力発揮のために収縮を繰り返していると、元の長さに戻る性質（弾性）を失います。すると血行不良となり、**乳酸が蓄積**され、筋疲労の状態に陥ります。そこで、ストレッチングにより筋を元の長さに戻すことによって疲労回復を促します。

D.◯ **ストレッチングは柔軟性を高め**、スポーツのパフォーマンス向上にもつながります。柔軟性とは、一般に、関節を動かせる範囲（関節可動域）の大きさを意味します。

E.◯ 記述のとおりです。よって、ウォームアップ時には、体を温めてからの10秒程度の静的ストレッチング、または、動的ストレッチング（バリスティックストレッチングは除く）が望ましいといわれています。

A14 ストレッチングの効果

正解　C、D

A.✕ 関節周囲の筋や腱の伸展性を高めることによって、関節可動域は増大します。

B.✕ 血液循環は促進され、筋への酸素供給や老廃物の除去を早め、疲労回復に役立ちます。

C.◯ 筋の協調性を高めることにより、動作が円滑に行えるようになります。

D.◯ パートナーの補助による静的ストレッチングの効果として、大脳のα波が増加することが示されています。

E.✕ こりや疲れなど、局所的な筋緊張の除去のためにもストレッチングは有効です。現代人の抱える肩こりや腰痛は、同じ姿勢が長時間続くなどした結果、一部の筋の弾性が失われたことによる筋疲労であることが多いので、ストレッチングは一般人の疲労回復にも有効です。

A15 一般人の柔軟性向上のためのストレッチング

正解　C

A.〇 記述のとおりです。股関節・膝関節・肩関節などの大きな関節に対して、筋にやや突っ張り（不快感）を感じる程度の静的ストレッチングを行います。

B.〇 記述のとおりです。

C.✕ **アメリカスポーツ医学会の示すガイドライン**では、各筋群に対し、<u>4回以上</u>繰り返す、とあります。

D.〇 記述のとおりです。

E.〇 記述のとおりです。

A16 一般人に不向きなストレッチング

正解　A、E

A.〇 頸部のストレッチングは一般人に対して実施できます。左右の側屈と屈曲を行います。

B.✕ ヨガ・プラウ：仰向けで、足を頭上にもっていくストレッチングです。**頸椎を痛める**<u>危険性</u>があります。

C.✕ ハードラーズ・ストレッチ：陸上選手がハードルを飛び越える姿勢に似ています。後ろ側の脚の、**膝の内側に負担**がかかってしまいます。

D.✕ バレエ・ストレッチ：背中から膝の裏の筋・腱・靭帯組織と、坐骨神経を過度に伸展させて、**<u>下肢痛を引き起こす</u>**可能性があります。

E. ⃝ アキレス腱伸ばしは一般人に対して実施できます。下腿後部（ふくらはぎ）のストレッチングであり、主に下腿三頭筋が伸ばされます。

ヨガ・プラウ

頸部のストレッチング

バレエ・ストレッチ

ハードラーズ・ストレッチ

出典：公益財団法人　健康・体力づくり事業財団『健康運動実践指導者養成用テキスト』

A17 静的ストレッチング実施上のポイントと注意点

正解　E

A. ⃝ 記述のとおりです。寒い場所でストレッチングを行わなければならないときは、特に注意が必要です。

B. ⃝ 記述のとおりです。筋を伸ばしていくときは、ゆっくり息を吐くようにするとリラックスしやすくなります。

第8章

問題

解答・解説

C.○ 記述のとおりです。立ったまま行わなくてはならない場合は、近くの壁につかまるなどして体を安定させます。

D.○ 記述のとおりです。意識することで、ストレッチングの効果を高めるだけでなく、神経と筋の連携がよくなります。

E.✕ スポーツで使った筋だけでなく、<u>バランスよく静的ストレッチングを行う</u>ことが大切です。なお、記述以外のポイントや注意点としては、心身ともにリラックスした状態で行う、反動をつけずにゆっくり筋を伸ばす、他人と比べない、段階を追って行う、の４つが挙げられます。

A18 ウォーキングの特長

正解　E

E.✕ **健康保持・増進を目的とした歩行運動**を、日常生活で行う歩行と区別して**「ウォーキング」**と呼びます。ウォーキングは、上手下手がなく、相手がいなくてもでき、場所を選ばないという簡便性があります。しかし、その簡便性のために<u>効果的な強度や時間、頻度といった内容が適切に設定されずに行われる可能性があります</u>。簡便だからこそ、適切な内容を設定することが重要です。

あごをひく

まっすぐ前を見る

肘を曲げ、腕を軽くふる

背筋を伸ばす

足をつくときは膝をしっかりのばす

股関節は過度に内旋あるいは外旋してはいけない

足はかかとからしっかりつく

普段よりも、やや歩幅を広げる

A19 歩行運動の動作局面

正解　A

A.○　歩行のさい、左右どちらかのかかとが接地してから、再度同じ側のかかとが接地するまでを**1歩行周期**といいます。歩行運動は、かかとで接地してからつま先が離れるまでの**立脚期**と、つま先が離れてから再びかかとが接地するまでの**遊脚期**があり、さらに立脚期の中には左右両脚が接地している**両脚支持期**が存在します。日常歩行では、それぞれの割合は、立脚期約60%、遊脚期約40%、両脚支持期約10%となります。（両脚支持期は、立脚期の最初と最後に現れますので、合計では20%です。）

A20 ウォーキングの時間と頻度

正解　D

D.○　**有酸素性能力の向上**のためには、1回につき30分以上、それを週に2〜3回行うことが勧められています。

　　ただ、初心者や中高年者は時間も頻度も最初は少なくして、徐々に増やすほうがよいでしょう。時間と頻度を高くするより、長期間実践可能な強度設定をすることが重要です。

　　減量が目的でウォーキングを行う場合には、時間も頻度も多くすることが望ましく、健康づくりのための身体活動基準2013では、今より毎日10分長く歩くようにするなど身体活動量を少しでも増やすようにし、30分以上の運動を週2日以上行うよう勧められている。

第8章

問題

解答・解説

A21 ジョギングの頻度と時間

正解　A

A. ✗　有酸素性能力の向上のためのジョギングは、1回につき最低20分、それを週に2〜3回行うことが勧められています。

ただし、定期的な運動習慣のない人や中高年者は、**ウォーキングから実践して、その後にジョギングに移行する**ようにします。そのさいにも運動の強度・頻度ともに低い設定から開始するほうがよいでしょう。なお、ジョギングはウォーキングより強度が高いので、**多くても週に5回程度**とするのが望ましいです。

A22 ウォーキングの速度

正解　B、C

A. ✗　普段意識せずに歩くときの速度は、個人の中でほぼ同じになります。この自然な歩きを**自然歩行**といい、その速度は20歳代をピークに加齢とともに遅くなります。

B. ○　**毎分60〜80m**での歩行より速くても遅くてもエネルギー消費量は、大きくなります。女性の自然歩行の速度が毎分70m程度、男性が毎分80m程度ですから、**自然歩行が最もエネルギー効率のいい歩行**ということができます。

C. ○　自然歩行速度は**女性が毎分70m、男性が毎分80m**程度です。

D. ✗　一般に、毎分120m〜140mになると歩行から走行に切り替わります。これ以上の速度では、歩行のほうが走行よりエネルギー消費は大きくなります。

E. ✕ 毎分100mまでは、下腿の筋への血流量は増加します
が、それ以上だと**逆に減少**してしまいますので、ウォーキ
ングの速度は速ければ速いほどいいというわけではありま
せん。

A23 歩幅と歩数と速さの関係

正解　B

B. ○ 「やや速く」歩くことが、ウォーキングの速度目安です
が、歩行速度を上げるには「歩幅を広げる」「歩数を増や
す」の2つの方法があります。しかし、歩数を増やすこと
は局所的な筋疲労が起きやすくなり、転倒などの危険性も
高まりますので、基本的には**歩幅を広げて歩く**よう心がけ
ます。
歩幅は、身長や脚の長さによっても異なりますが、**日常歩
行で身長の40%弱、やや速く歩くと身長の45%、かな
り速く歩くと身長の50%程度**となります。

A24 ウォーキングのエネルギー消費量

正解　A

A. ○ アメリカスポーツ医学会が提示する推定式によると、水平
歩行（平地を歩く）時の酸素摂取量（ml/kg/分）は、**0.1
×分速（m/分）＋3.5（ml/kg/分）**（3.5は安静時酸素
摂取量）で求められます。分速65mでは、0.1×65＋3.5
＝10（ml/kg/分）となります。つまり、体重1kgあた
り1分間に10mlの酸素を摂取しながら歩いているという
ことです。

体重１kgあたり１分間の酸素摂取量がわかったので、体重が50kgの人が40分間ウォーキングを続けたさいの総酸素摂取量を求めると、10（ml/kg/分）×50（kg）×40（分）＝20,000ml＝20lとわかります。そして、**酸素摂取１リットルあたりのエネルギー消費量は５kcal**なので、求めるエネルギー消費量は、20（l）×5（kcal）＝100（kcal）となります。よって、A.が答えです。

A25 ジョギングのエネルギー消費量

正解　D

D. ○ アメリカスポーツ医学会が提示する推定式によると、水平走行（平地を走る）ときの酸素摂取量（ml/kg/分）は、**0.2×分速（m/分）＋3.5（ml/kg/分）**（3.5は安静時酸素摂取量）で求められます。分速130mでは、0.2×130＋3.5＝**29.5（ml/kg/分）**となります。つまり、体重１kgあたり１分間に29.5mlの酸素を摂取しながら走っているということです。

体重１kgあたり１分間の酸素摂取量がわかったので、体重が60kgの人が20分間ジョギングを続けたさいの総酸素摂取量は、29.5（ml/kg/分）×60（kg）×20（分）＝35,400ml＝35.4lです。**酸素摂取１リットルあたりのエネルギー消費量は５kcal**なので、求めるエネルギー消費量は、35.4（l）×5（kcal）＝177（kcal）となります。よって、D.が答えとなります。

A26 ジョギングの基本的なフォーム

正解　D、E

A. ✗ ジョギングは<u>かかとから着地</u>するように指導します。また、衝撃を軽減するために、大きな足音をたてないような走り方をするよう心がけます。

B. ✗ 前傾姿勢になると着地の衝撃が大きくなるので、<u>上体は鉛直方向（重力の向きと正反対の方向）にまっすぐ伸ばして</u>走ります。

C. ✗ 余計なエネルギーを使わないように、<u>肩や腕の力は抜いて</u>走ります。

D. ○ **ジョギング中は自然な呼吸を心がけ**、それでも呼吸が乱れるような場合には、自分に合ったリズムを意識的につくって呼吸を行います。

E. ○ **足先が内向き、外向きのまま走ると、下肢の関節に捻りの力を生じて障害が起きやすくなる**ので、足先はまっすぐ前を向くようにします。

A27 ウォーキング実施における安全上の注意

正解　E

A. ✗ <u>体温が37度以上ある場合</u>、食欲不振、睡眠不足、疲労感、胸痛、動悸がある場合、安静心拍が100拍／分以上の場合には、<u>運動を中止</u>します。また、これまで定期的な運動習慣をもたなかった人は、事前に**メディカルチェック**を受けることが望ましいです。

B. ✗ <u>夏季の日中の炎天下で歩くことは、身体への負担が大きいので避けたほうがよいでしょう</u>。基本的には、日常生活の

中の**無理のない時間帯**で行います。

C. ✕ 水分は、<u>運動前にも摂取しておくと脱水を予防できます。</u>運動中は**喉が乾く前に頻繁に少量ずつ摂る**とよいでしょう。

D. ✕ 寒いときには**体温を下げないようにするために**ウインドブレーカーなどを着用しますが、汗をかくために厚着をすることはありません。暑いときには**汗を蒸発させること**が大切なので、通気性の高い服装が望ましいです。

E. ○ ウォーキングは単調になりがちなので、**歩く場所を色々と変えて、景色などを楽しみながら実施するほうが継続しやすくなります。**歩く能力に自信がついたら、少し遠出をするのもよいでしょう。

A28 ジョギングによる障害とその予防（膝）

正解　E

A. ○ ランナー膝は、大腿四頭筋の収縮により膝蓋骨（しつがいこつ）が外側に引っ張られるなどした結果、**膝蓋骨と大腿骨の末端がこすれ合うこと**で発症します。ランナー膝が起こりやすい原因としては、膝蓋骨の位置が正常より高いあるいは低い、**ハムストリングスやアキレス腱が硬い、大腿部の筋力不足**などがあります。

B. ○ 記述のとおりです。腸脛靭帯（ちょうけいじんたい）は、骨盤に始まる大腿筋膜張筋からつながり、脛骨へと付着する長い靭帯であり、膝関節外側の安定性を保ちます。外側広筋が発達しすぎると、**腸脛靭帯の緊張が高まり、大腿骨外顆とこすれて炎症が起こりやすくなります。**

C. ○ 記述のとおりです。衝撃緩衝（かんしょう）能力をもつ**関節軟骨がすり減ると、膝関節の炎症や変形が起こります。**変形性膝関節症は、一般に加齢に伴う**脚筋力の低下に伴い発生しやすく**

なりますが、膝に繰り返し負担のかかるランナーにも多い
障害です。

D.◯ 記述のとおりです。**走りすぎや誤ったフォームが原因で膝**
への物理的な負担が加わり、膝の靭帯と半月板を損傷しや
すくなります。

E.✕ 膝関節の障害の原因は使いすぎ以外に、**左右あるいは伸展**
と屈曲のアンバランス、筋疲労、アライメント異常、誤っ
たフォーム、不適切な服装やシューズ、環境などの問題も
あります。使いすぎだけに限定されません。

A29 ジョギングによる障害とその予防（下腿・足部）

正解　C

A.✕ **肉離れ**とは過度な筋収縮によって筋が損傷した状態です。
下腿三頭筋の肉離れを予防するには、ジョギング前の十分
なストレッチングと、日ごろからの筋力強化が重要です。

B.✕ **アキレス腱炎**は、アキレス腱に**小さな負荷が長期にわたっ**
て加わった場合にも発症しますが、その原因としては足の
回内傾向、O脚、ハムストリングスや下腿筋群、アキレス
腱自体の硬さなどが挙げられます。

C.◯ 記述のとおりです。**コンパートメント症候群**の主な原因は
使いすぎですが、適切なシューズを選んだり、地面の状態
（固さなど）を気にすることなどで予防できます。

D.✕ ジョギングの着地衝撃などの繰り返しで、骨にヒビが入っ
た状態を疲労骨折といいます。O脚・X脚、偏平足などに
加え、不適切なシューズ選びが原因で起こります。

E.✕ 足関節の捻挫で一般的なのは、内反捻挫です。これは急激
な外力によって起こる**急性の傷害であり、速やかにRICE**
処置を行う必要があります。

第8章

問題

解答・解説

A30 ウォーキングの強度設定

正解　A

A.○ ウォーキングは、**定期的な運動を行ったことのない人や中高年者**も実施するため、最初は、推定最高心拍数（220－年齢）の50%程度を目標とします（例えば、40歳の人なら、（220－40）×50%＝90、つまり、目標心拍数は90拍／分）。
ある程度慣れてきたら強度を徐々に増やしていき、推定最高心拍数の75%程度まで高めます。

A31 ジョギングの強度設定

正解　C、E

A.✕ ジョギングは運動習慣のない中高年者も実施するので、最初は推定最高心拍数の50%程度を目標とします。

B.✕ ジョギングに慣れてきたら、75%程度まで徐々に強度を高めていきます。

C.○ 記述のとおりです。「自然に走る」「やや速く走る」「最も速く走る」といった異なる速度での走行を行い、走行直後の心拍数を計測します。

D.✕ 心拍数は運動開始後３分以上経過しないと定常にならないので、必ず３分以上走るようにします。

E.○ 記述のとおりです。心拍数は運動後速やかに減少するので、走行直後10秒間の心拍数を計測し、６倍して１分間の値にします。

A32 エアロビックダンスの特性

正解　C、D

A. ✗ エアロビックダンスは有酸素性能力以外に、<u>筋持久力、柔軟性、巧緻性を含め、幅広い運動機能の向上を目指すもの</u>です。

B. ✗ <u>プログラムにいわゆる定型はなく、すべて指導者の考えに任されています。つまり、指導者は**参加者の条件に合わせて動きや音楽を決めていく必要があります。**</u>

C. ◯ 記述のとおりです。また、主運動ではアップテンポな音楽で高揚感を高めたり、クールダウンでは静かな音楽でリラックスさせるなど、**心理的な効果もあります。**

D. ◯ 同一プログラムでも、動き方次第で楽にもハードにもなるので、参加者が自分で調節することで、かなり**広範囲な年齢層で、また男女を問わずに運動できます。**その分、指導者は、各参加者にとっての運動強度をある程度把握する必要があります。

E. ✗ スタジオに大人数が入って運動する場合には、<u>大きな移動を伴う動きができないため、その場でのステップを踏むことが多くなります。</u>その結果、つま先着地が多くなり、足の甲やすねの負担が大きくなる可能性があります。

A33 エアロビックダンスの強度

正解　C

C. ◯ 「健康づくりのための身体活動基準2013」によれば、エアロビックダンスの強度はプログラムの内容によって5〜10メッツの幅があるものの、平均的には7メッツ程度と

第8章

問題

解答・解説

されています。

　心拍数で強度を管理する場合、運動を開始したばかりの時期には推定最高心拍数（220－年齢）の50％程度で行い、慣れてきたら75％程度までを目標心拍数とします。

　エアロビックダンスは動作が多様で変化に富み、運動強度を厳密に規定することは困難ですが、**体の移動量、運動に参加する筋の量、各筋の発揮する力の大きさ、動きの速さや反復回数などを考慮することで強度を調節します。**

A34 エアロビックダンスの実際

正解　D

A.⭕ ウォームアップの目的は**筋温の上昇と心拍数の上昇**であり、その後の主運動の効率を高めることです。そのためには、**60分の運動なら10分程度を必要とします。**

B.⭕ スタティックストレッチングは、姿勢保持時間の長い静的ストレッチングのことです。スタティックストレッチングは、せっかく高まった**筋温や心拍数を下げてしまうので適**切ではありません。

C.⭕ エアロビックダンスの運動強度は（**アップ**）（**キープ**）（**ダウン**）の3段階の強度を、ゆったりと変化させることが重要であり、この強度変化を**ベルカーブ**と呼びます。ベルカーブとは、全体としてベルのような形になるカーブのことです（次ページ図参照）。

D.❌ <u>ジャンプを伴うステップ</u>は衝撃が大きいことを意味する**ハイインパクト**と呼ばれ、<u>ジャンプを伴わないステップ</u>は衝撃が少ないことを意味する**ローインパクト**と呼ばれます。それぞれ音楽のテンポを意味するものではありません。

E. ○ クールダウンは、プログラムの最後の5〜10分間で、ス
タティックストレッチやリラクゼーションを行って、
体をほぐし呼吸を整えます。リラクゼーションでは関節を
ほぐす運動や**セルフマッサージ**なども行います。

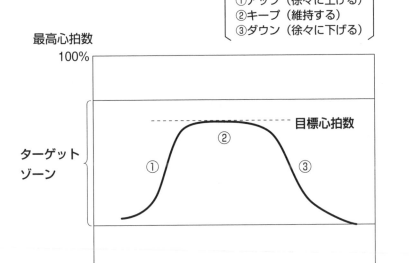

①アップ（徐々に上げる）
②キープ（維持する）
③ダウン（徐々に下げる）

主運動における理想的な強度変化（ベルカーブ）

出典：公益財団法人　健康・体力づくり事業財団『健康運動実践指導者養成テキスト』

A35 エアロビックダンスの服装・用具

正解　A

A. ✗ エアロビックダンスは**つま先からの着地が多い**ため、つま先にも衝撃吸収のクッションがあるものがよいでしょう。

B. ◯ ソールは、柔らかすぎると安定性や緩衝性に欠け、硬すぎると足の固定が強く動きが制限されるので、**適度な柔らかさ**をもったものが適しています。

C. ◯ 滑りにくいシューズだと、足が床に固定されやすく、**足首や膝を捻挫する可能性が高まる**ので注意が必要です。

D. ◯ カーペットなどの床は滑りにくいため、足が固定されやすく、けがの可能性が高まります。床は適度に滑りやすいものがよいでしょう。

E. ◯ エアロビックダンス用の床材としては、気泡ゴムのパッドの上に木材やカーペットを敷いたものや、**スプリングコイルの上に木材を貼ったもの**などがあります。つまり、記述のように、体育館の床よりやや柔らかく、床の変形が速やかに復元されるものが理想とされています。

A36 エアロビックダンスで発生する傷害の予防

正解　E

A. ✗ 記述は**疲労骨折**のことです。疲労骨折は脛骨、腓骨、中足骨でよく発生します。

B. ✗ アキレス腱炎とは、アキレス腱とその周囲の炎症のことで、シン・スプリントのことではありません。アキレス腱炎は、アキレス腱断裂につながるおそれがありますので、特に、足関節の柔軟性を確保する必要があります。

C. ✕ シン・スプリントは、膝関節障害のことではありません。エアロビックダンスでよく起きる膝の障害に、**膝蓋軟骨軟化症**があります。主に膝の**使いすぎ**が原因で、発症時はジャンプやスクワット動作、膝を深く曲げる動作などは避ける必要があります。

D. ✕ シン・スプリントは腰関節障害のことではありません。腰部の傷害は重症となることが多く、治療に長期間を要します。予防には**腹筋や殿筋の強化と、腰背部やハムストリングスの柔軟性を高めること**が重要です。

E. ○ シン・スプリントとは、むこうずねの特に**下1/3内側に発生する痛み**の総称で、脛骨の骨膜に炎症が発生した状態のことです。下腿の筋肉の強化、ふくらはぎの柔軟性確保、適切なシューズ選びなどで予防できます。また、**ハイインパクトの運動を避ける**ようにします。

A37 エアロビックダンスのプログラム作成

正解 A、B

A. ✕ 運動プログラムの**楽しさ**は、参加者が運動を継続する動機づけになりますので、**安全性**や**効果**と同様に重視する必要があります。運動プログラムは、参加者の性、年齢、体力や技術レベル、身体特性、運動の目的などに合わせ、適切な動きを組み合わせて作成します。

B. ✕ 上肢の挙上は肩関節への負担が大きいため、頻繁には行わないようにします。この他、安全のための配慮としては、参加者の体力レベルを考慮した内容とすること、プログラム全体を通じて運動強度の変化が急激でないこと、**高い強度の運動を長時間続けない**こと、肥満者や低体力者に対してハイインパクトのエクササイズを行わないこと、同じ動

作を過度に反復しないこと、などが挙げられます。

C. ◯ 記述のとおりです。上記のとおり安全面の配慮です。

D. ◯ 記述のとおりです。上記のとおり安全面の配慮です。

E. ◯ 記述のとおりです。上記のとおり安全面の配慮です。

A38 エアロビックダンスの参加者への指導

正解　B

A. ✕ 初めてエアロビックダンスを行う人に対しては、<u>運動の前に内容の説明をし、正しい姿勢や呼吸法、運動強度の調節方法などを説明して安心感を与える</u>とよいでしょう。

B. ◯ 記述のとおりです。ただし、参加者ができるだけついてこられるように、**動きの説明、キューイング（言葉での指示、身振り、手振りなど）などを適切に行うことがまずは大切**です。

C. ✕ 運動中に体に異常を感じたときは、<u>すぐに運動を中止する</u>よう指導します。

D. ✕ 指導者は<u>常に立ち位置なども工夫して</u>、参加者とのコミュニケーションを図りましょう。こうすることで、参加者の意欲を高めたり、リラックスさせたりする効果もあります。

E. ✕ 指導者は<u>できるだけよい手本を見せ、参加者にそれを模倣させる</u>ことが重要です。よい手本として重要なのは、**関節可動域**が十分に使われ、左右対称の動きのときに**左右差**がなく、動きの**再現性**が高く、動きの**範囲が明確**で動きに**癖がなく、音楽に合っている**ということです。

A39 水泳・水中運動の力学

正解　A

A. ◯ 肺が空気で満たされている状態では、ほとんどの人は水より比重が小さくなるので、水に浮くことができます。**骨と筋は水より比重が大きく、脂肪は水より比重が小さい**ため、骨太で筋肉質だと水に浮きにくく、脂肪が多いと浮きやすいということになります。
（養成用テキストP.178 図8E−2参照）

B. ✕ 水の抵抗は進行方向に対する投影面積（進行方向に対して垂直な面の面積）に比例し、動く速度の2乗に比例します。すなわち、速く動かすほど抵抗が大きくなるので、**水中運動の抵抗は動く速さで調節することもできます。**

C. ✕ **水圧は深くなるほど大きくなります。**したがって、立位では水面付近より下肢側の水圧が高く、下肢の静脈還流（心臓へと戻る血流）が促進され血液循環は向上します。

D. ✕ クロールの全推進力のうち、腕による推進力は60〜70%で脚によるものより大きくなります。その他、バタフライでは50%、平泳ぎでは30〜40%が腕による推進力です。

E. ✕ 揚力は速度のほぼ2乗に比例します。つまり、速く泳ぐほど体は浮きやすくなります。泳いでいるときには進行方向から**後ろ斜め上（体の角度によっては下）への力**が働きますが、この力のうち体を浮き上がらせる（または沈ませる）方向に働く成分が揚力です（養成用テキストP.180 図8E−5参照）。

A40 水泳・水中運動の生理学

正解　E

A. ✗ 水中では肺に対して水圧がかかるため、<u>息を吸うときに胸を広げる動作が地上よりも困難になります</u>。したがって、努力呼吸が必要となり、呼吸筋が鍛えられ、**呼吸機能が改善されます**。

B. ✗ 水温が低いほど、<u>体から放出する（＝体から奪われる）熱エネルギーは多くなります</u>。これは、水が空気の約25倍も熱を伝えやすい性質をもっているためです。水中では、**体温を確保する熱を生み出すために、陸上よりも余計にエネルギーを消費**します。

C. ✗ 水泳では、速度が同じなら、水温が低いほどエネルギーを多く必要とします。つまり、<u>水温が低くなるほどエネルギー効率の悪い泳ぎになる</u>ということです。**水温が24度を下回ると体温は急速に低下する**ため、水温は24度以上に設定します。

D. ✗ 水中では、水圧によって**静脈還流が促進され心臓の負担が減少する**ので、陸上で同程度の運動をしたときと比較して、<u>心拍数は下がります</u>。

E. ○ 水泳熟練者は、余計な波を発生させたり余計な力を発揮することで無駄なエネルギーを消費することがなく、効率よく泳ぐことができます。

A41 健康のための水泳・水中運動の実際

正解　D

A.○ 健康の保持・増進のためには持続的な運動が重要なので、水泳も距離よりも**時間を目安にすべき**です。長時間連続で泳げない場合には、25m泳いで少し休み、呼吸の乱れがおさまったらまた泳ぐといったインターバル形式でも問題ありません。

B.○ 記述のとおりです。本問のような泳ぎは6ビート泳法と呼ばれ、クロールの基本とされます。クロールは最も水の抵抗が少ない泳法で、6ビート以外にも4ビート、2ビート泳法もあり、**ビート数が少ないほど消費エネルギーも少なく**、つまり、疲れにくくなります。

C.○ アクアビクスは、水中でのリズム運動のことで、浮力により膝や腰の負担が少ないだけでなく、水の抵抗を利用して運動量が調整できるというメリットがあります。

D.✕ 水中運動は**動作が速いほど運動量が増加する**ため、水中でゆっくり歩いているのでは心拍数もあがらず、運動効果は期待できません。水中で歩くときには，①底をしっかりと踏みしめる、②腕を大きく振る、③膝を高く上げる、④前傾姿勢をとって水を押しのけて進む、などのポイントがあります。

E.○ 帽子は、髪が運動の邪魔にならないようにするだけでなく、プールの水を清潔に保つためにも重要です。また、ゴーグルは、プールの消毒用塩素や雑菌から目を守るためにも重要です。

正解　D

A. ◯ クロールやバタフライなど肩を回した泳ぎでは、肩の前方にある烏口肩峰靭帯（うこうけんぽうじんたい）が炎症を起こしやすくなります。肩のストレッチングと筋力強化で予防します。

B. ◯ 平泳ぎの膝を深く曲げた状態からのキックは、膝の内側側副靭帯（ないそくそくふくじんたい）に強い負荷がかかります。膝の周りのストレッチングや**大腿四頭筋の強化で靭帯損傷を予防できます。**

C. ◯ バタフライは、腰を反る動きで腰痛を悪化させやすい泳法です。腰痛は、背筋の疲労や**腹筋に比べて背筋が強くなりすぎたことが原因**となるので、腹筋の強化で予防できます。

D. ✕ <u>水温が低いと</u>筋けいれんを起こしやすくなります。普段から十分な栄養と適度な休養をとり、十分なウォームアップを行うことが重要です。また、筋けいれんはやせ型の人にも起きやすいです。

E. ◯ プールに飛び込んだときに、**プールの底で頭を打ち、首の骨を折ったり、脊髄（せきずい）を損傷**したりして麻痺をきたす場合があります。頸椎損傷を防ぐには、**プールの深さが 1.5m 以下の場合には飛び込みはしない、飛び込むさいにはできるだけ腰を伸ばして遠くに飛ぶ**などの指導が大切です。

正解　B、C

A. ✕ <u>事故者を発見したら、直ちに水から引きあげ、救護室へ運び、適切な対応をする</u>必要があります。

B. ○ 救助者は、**自分自身が事故に巻き込まれない**よう、自分の能力をよく考えて救助を行う必要があります。

C. ○ **泳げる人でも**、気管の中に水を吸い込んでしまう気管内吸水などで**溺れることがあります**。この場合、騒ぐことなく静かに沈んでいくことが多いといわれています。

D. ✕ 飛び込みによる頸椎損傷が発生したら、首をできる限り動かさず、頸椎を保護して安全なところに移動させ、<u>アゴを押し上げる下顎挙上法</u>で気道確保を行います。

E. ✕ 救急処置はあくまで現場での必要最小限の応急措置にすぎず、<u>事故者の様態によっては直ちに救急車を要請します</u>。

A44 トレーニングにおける筋の活動様式

正解　D

A. ✕ アイソメトリックトレーニング：**等尺性筋収縮**
　筋が長さを保ったまま力を発揮するトレーニングで、**動きはありません**。6〜10秒程度、最大筋力を発揮することで筋力が増しますが、トレーニングを行った関節角度の**±20度の範囲**でしか十分な効果は得られません。また、息こらえによる**血圧の上昇が起きやすい**ので、特に中高年者の指導時には注意が必要です。

B. ✕ エキセントリックトレーニング：**伸張性筋収縮**
　筋が伸張されながら力を発揮するトレーニングで、**ネガティブトレーニング**ともいいます。例えばアームカールでは、肘が伸びていく局面を指します。

C. ✕ アイソトニックトレーニング：**等張性筋収縮**
　筋が長さを変えながら一定の力を発揮するトレーニングで、コンセントリック（短縮性）トレーニングとエキセントリック（伸張性）トレーニングからなります。

D.◯ アイソキネティックトレーニング：等速性筋収縮

　特殊な装置を使って、速度を一定に保ったまま行うトレーニングです。リハビリテーションなどにも適しています。

E.✕ コンセントリックトレーニング：短縮性筋収縮

　筋が短縮しながら力を発揮するトレーニングで、**ポジティブトレーニング**ともいいます。例えば、アームカールでは、肘が曲がっていく局面を指します。

A45 レジスタンス運動の運動様式

正解　E

A.◯ 記述のとおりです。ピュアアイソトニックは、筋や関節への負担が少ないので、トレーニング種目の**フォームづくり**や**中高年者の筋力づくり**に適しています。

B.◯ 記述のとおりです。ダンベルやバーベルを素早く上げる動作を**ノーマルアイソトニック**といいます。慣性が働くので、一時的にプレアイソトニックの２倍近い負荷がかかります。**日常行動に近い筋力発揮の運動**といえます。

C.◯ 記述のとおりです。弾性抵抗（バンドやチューブなど）を用いた動作を**オキソトニック**といいます。**引っ張れば引っ張るほど抵抗が増大**します。動き始め（初動動作）で負荷がかからず、強さの加減も容易なため、中高年者やリハビリテーションのトレーニングで多く用いられています。

D.◯ 記述のとおりです。反動を使って爆発的に上げる動作を**バリスティックアイソトニック**といいます。**パワー強化に効果的**ですが、筋や腱などへの負担が大きいため、中上級者向けの運動タイプといえます。

E. ✕ 記述の運動は<u>ノーマルアイソトニック</u>です。

A46 トレーニングプログラムの立案

正解　C.

A. ○ レジスタンス運動のプログラムを立案するためには、**筋力発揮のメカニズム、筋収縮様式、挙上テクニック、トレーニングに対する意識**について関連のある、生理学、物理学、心理学などの基本的理論を理解しておく必要があります。

B. ○ 記述のとおりです。養成用テキストP.188を参照。

C. ✕ 高齢者に特に強化が必要な筋としては、加齢に伴う筋力低下の著しい<u>大腿四頭筋、大殿筋、腹直筋、脊柱起立筋</u>などが挙げられます。

D. ○ レジスタンス運動の頻度としては、**オーバートレーニングにならないよう**、間に休息日を挟んだ形で週に2〜3回行うのがよいとされています。

E. ○ 記述のとおりです。基本的な原理・原則や理論に基づいて立案し、規則的に実施しないと効果は得られません。

A47 レジスタンストレーニングの導入

正解　D

A. ○ レジスタンストレーニングを導入するさいには、最初に準備期間をもって正しいトレーニングフォームを習得します。

第8章 問題 解答・解説

B. ◯ 正確なフォームの習得には、ウッドバーやシャフトなどの軽量負荷を用いて種目動作を反復することが効果的です。

C. ◯ 記述のとおりです。レジスタンス運動の未経験者や低体力者には、トレーニングの初期プログラムに入る前に基礎筋力の養成を行います。その後、QOL（Quality Of Life：生活の質）を高めるための、それぞれの目的に応じたトレーニングへと移行していきます。

D. ✕ 基礎筋力の養成として、主要筋群の強化種目を8～10種目バランスよく選択し、最大筋力の50～60％に相当する20RMの重量を用いて、10～15回の反復回数を1～3セット行います。なお、20RMとは、最大反復回数が20回である重量のことです。

E. ◯ 記述のとおりです。

A48 最大筋力向上のためのトレーニング

正解　D

D. ◯ 最大筋力を向上させるためのレジスタントレーニングは以下の処方に従って行います。

重量：初・中級者は1RMの60～70％
　　　上級者は1RMの80～100％
反復回数：初・中級者は8～12回
　　　　　上級者は1～6回
動作スピード：スロー（短縮2秒間、伸張2秒間）から中程度のスピード（短縮1～2秒間、伸張1～2秒間）
セット間の休息時間：2～4分間
低回数で1回1回集中して行うことが大切なので、セット

間の休息時間も少し長めにとります。

A49 筋肥大のためのトレーニング

正解　D、E

A. ○ 記述のとおりです。重量は中程度に設定します。

B. ○ 記述のとおりです。最大反復回数を粘り強く、疲れるところまで行います。

C. ○ 記述のとおりです。

D. ✕ **速い動作スピードでは筋肥大の効果が少ないので**、短縮3秒、伸張3秒程度のスロー動作が効果的です。

E. ✕ セット間は30〜90秒間と少し短めの休息時間で、粘り強く繰り返します。なお、筋肥大のトレーニングは、開始後すぐに現れる筋力の増加は、主に神経系の活性（慣れなど）によるところが大きく、**実際に筋が肥大するのは6〜7週間経過後から**といわれています。

A50 筋パワー増大のためのトレーニング

正解　A

A. ✕ 初・中級者については1RMの30〜60%、上級者は1RMの30〜60%（スピード強化）または、80〜100%（筋力増強）となります。重量が重くなると挙上スピードが落ちますので、スピード強化よりも筋力増強の側面が強くなります。

第8章
問題
解答・解説

B. ○ 記述のとおりです。

C. ○ 記述のとおりです。

D. ○ **素早い動作の筋力発揮を意識し、スピードを落とさずに反**復することが重要です。

E. ○ 休息時間は**集中力を保ち、呼吸を整えるために**2〜4分間しっかりととります。

A51 筋持久力向上のためのトレーニング

正解　D

A. ○ 記述のとおりです。

B. ○ 筋持久力を高めるためには、**高回数（長時間）繰り返して、発揮できる筋出力を向上させる**ことが大切です。

C. ○ 記述のとおりです。

D. ✕ 最初はスロー動作で正確な動作を覚え、慣れたら素早い正確な動作で実施するようにします。

E. ○ 記述のとおりです。

A52 MAX測定方法

正解　B

A. ✕ レジスタンス運動においてはトレーニングの強度を最大挙上重量（1RM、マックス）の何％かで表すため、MAXの

測定は不可欠です。MAX測定には、<u>中・上級者向きの</u>
<u>1RMテスト</u>と、<u>初級者向きの最大下テスト</u>があります。

B.○ **1RM（1 Repetition Maximum）とは、最大反復回数**
が1回、つまりMAXである重量を指します。

C.✕ 1RMテストを行ってもよい種目は、<u>スクワット、ベンチ</u>
<u>プレス、バックプレス、デッドリフト、パワークリーンな</u>
<u>ど</u>です。シットアップやバックエクステンションは**負荷の**
かけ方が難しく、測定による傷害の危険性があるので
MAXテストは行いません。

D.✕ 最大下テストとは、<u>挙上回数と挙上重量の目安となる表を</u>
用いて、最大挙上重量を推定する方法です。この方法は、
最大重量を直接扱うことなく測定できるので、**傷害や事故**
のリスクが低く、初級者や中高年者向きといえます。

E.✕ 最大下テストで用いる重量は、<u>最大10回反復できる程度</u>
とします。目安として1RMの70〜80%が該当します。
反復回数が多くなると、1RMを推定する時の数値の正確
性が低くなります。

A53 フリーウェイトトレーニングとマシントレーニング

正解　C

A.○ 記述のとおりです。（次頁表参照）

B.○ 記述のとおりです。（次頁表参照）

C.✕ スポーツ動作や日常動作と類似した動作のトレーニングが
可能なのは、<u>フリーウェイトトレーニングの長所</u>です。
（次頁表参照）

D.○ 記述のとおりです。（下表参照）

E.○ 記述のとおりです。

フリーウェイトトレーニングと
マシントレーニングの長所と短所

	長　所	短　所
フリーウェイト	①器具によって手軽に行える。 ②エキセントリックの筋力発揮が多いことから筋力向上や筋肥大の効果が大きい。 ③種目が多く、目的に応じて工夫できる。 ④挙上方向やスタンスが自由。 ⑤非常に軽い負荷から運動が可能。 ⑥バランス感覚を養える。 ⑦スポーツ動作や日常動作と類似した動作のトレーニングが可能。	①挙上方向を間違えると落下の危険性がある。 ②ダンベル、バーベルコントロールの難しさがある。 ③全身運動や多関節の種目では技術習得に時間がかかる。 ④極端な反動動作は関節の負担が大きい。 ⑤関節可動域を超えた動作は傷害を引き起こす危険性がある。
マシン	①ウェイトなどの落下の危険性が少ない。 ②軌道が安定しているので動作を覚えやすい。 ③負荷設定の操作が簡単。 ④けが人の患部外トレーニングとして使える。 ⑤目的の筋に適切な負荷がかかる。	①機械の摩擦でエキセントリックの筋力発揮が低減される。 ②軌道が固定され、制限され過ぎている。 ③バランス感覚を養いにくい。 ④１つのマシンで１つの運動しかできない。 ⑤緊張感を養いにくい。

A54 トレーニング種目

正解　C、D

A.○ 記述のとおりです。**アイソトニック種目とは、短縮性（コンセントリック）と伸張性（エキセントリック）を含む動きのある、等張性筋収縮の運動**を指します。

B.○ 記述のとおりです。**アイソメトリック種目とは、筋が長さを変えないで力を発揮する等尺性筋収縮の運動で、動きはほとんど見られません。**

C.✕ 記述は、チンニングではなく、バックエクステンションの説明です。チンニングとは、アイソトニック種目で、強化される筋は広背筋、上腕二頭筋、手幅をやや広くしてバーを握りぶら下がり、身体を上方に引き上げたり、下ろしたりする運動で、懸垂運動のことです。

D.✕ サイドレイズで強化される筋は、三角筋と僧帽筋です。その他は記述のとおりです。

E.○ 記述のとおりです。

パームプレス

チンニング

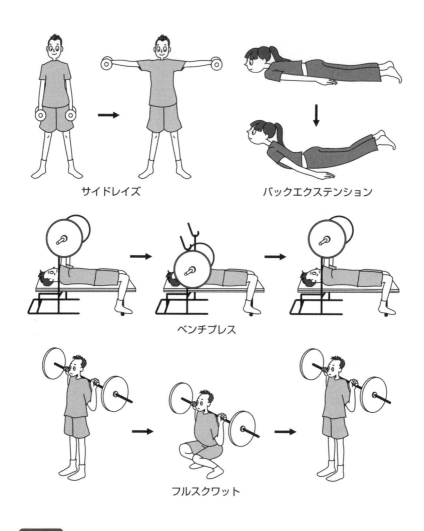

サイドレイズ

バックエクステンション

ベンチプレス

フルスクワット

A55 サーキットトレーニング

正解　E

A. ✕　サーキットトレーニングは、**身体各部位を鍛える種目を連続して行う**ことにより、筋力、筋パワー、筋持久力、全身持久力などを向上させるトレーニングです。初心者や中高年者の総合的体力づくりに適しています。

B. ✗ 上半身種目がすべて終わってから下半身種目に進むような配列では**特定の部分に疲労がたまりやすい**ので、上半身種目と下半身種目を交互にするなど同一筋群種目が連続しないように配列します。

C. ✗ 負荷を使うときの負荷設定は、軽めのものを用いる場合でも最大反復回数が30回を上回らない重量とします。

D. ✗ サーキットウェイトトレーニングでは、種目間に1分程度の休憩を挟みながら、8種目以上のレジスタンストレーニングを連続して1～3循環行います。

E. ○ 記述のとおりです。呼吸循環器系の負荷が高いことから、**サッカーなど球技系スポーツのトレーニング**として広く導入されています。また、**女性専用フィットネスクラブ**などでも盛んに行われています。

第8章

問題

解答・解説

第 **9** 章

運動障害と
予防・救急処置

筆記試験「ここが重要！」

※★の数が多いほど、重要分野になります。優先順位をつけて学習すると効率的に学習できます。

【第9章 運動障害と予防・救急処置】

◪ 運動中止の判定

★★ 　運動中止が必要な症状や徴候

- ・自覚症状：発熱、胸痛および胸部不快感、動悸、息切れ、めまい、吐き気および嘔吐、頭痛、腹痛、冷や汗、けいれん、関節痛など
- ・他覚徴候：失神、下腿浮腫（むくみ）、顔面蒼白、間欠性跛行など
- ・これらが認められたときは、必ず医療機関を受診するよう指導し、後日、受診内容や経過を確認します。

◪ 内科的な急性障害

★★ 　突然死

- ・スポーツ活動中の突然死が多いのは、見かけ上健康な男性で、10代（最多）・50代・60代
- ・中高年者では虚血性心疾患、特に急性冠症候群（急性心筋梗塞・不安定狭心症・心臓突然死）が主な原因です。
- ・若年者の約半数は急性心機能不全（＝突然死の機序不明）です。

★★★ 突然死の予防

- ・突然死予防の連鎖：①メディカルチェック、②適切な運動、③自己管理、④心肺蘇生
- ・虚血性心疾患の危険因子（養成用テキスト表9-2）をチェックしておきましょう。

★★ 　熱中症の救急処置

- ・Ⅰ度（熱けいれん、熱失神）：めまいや立ちくらみ、生あくび、大量発汗、筋肉痛などの症状が徐々に改善している場合のみ、現場の応急処置と見守りで対応します。
- ・応急処置では、涼しい風通しのよい場所に移動して休ませ、衣服を緩めて体を冷やし、経口補水液やスポーツドリンクなどを経口補給します。
- ・Ⅱ度（熱疲労）：頭痛や嘔吐、倦怠感、判断力の低下などの症状が見られたり、Ⅰ度の症状に改善が見られない場合は、周囲の人の判断ですぐに病院へ搬送します。
- ・Ⅲ度（熱射病）が疑われる意識障害、けいれん発作などを認めた場合は、ただちに救急車で病院に搬送し、必ず現場に居合わせた状況のわかる人が付き添います。

3 内科的な慢性障害

★ 貧血
- 血液中のヘモグロビン濃度が減少している状態
- アスリートに発症する運動性貧血（スポーツ貧血）の女性の発症は男性の約2～3倍
- 原因は主に鉄欠乏性貧血

4 救急蘇生法

★★ 救急蘇生法
- 市民が行う救急蘇生法は、一次救命措置とファーストエイド
- 一次救命措置：①心肺蘇生、②AED、③特殊な状況下の一次救命処置
- ファーストエイド：回復体位、止血など

★★★ 心肺蘇生の手順
①反応の確認、応援要請、119番通報、AED依頼
②呼吸の確認：普段どおりの呼吸がない→心肺停止と判断し胸骨圧迫を開始します。呼吸あり→気道確保を行い、呼吸状態を観察しながら救急隊の到着を待ちます。
③胸骨圧迫：約100～120回/分の速さ、胸骨が約5cm沈み込む強さで絶え間なく圧迫を繰り返します。
④人工呼吸の技術と意思がある場合は、胸骨圧迫30回と人工呼吸2回の繰り返し：胸骨圧迫→気道確保→口対口人工呼吸を救急隊に引き継ぐときなどまで続けます。

5 整形外科的障害と外科的救急処置

★★★ 挫傷に対する救急処置（RICE処置）
- Rest（安静）、Icing（氷冷）、Compression（圧迫）、Elevation（挙上）によって炎症症状を最小限にする救急処置です。
- 最重要なのはRest（安静）：Icing（氷冷）して運動を再開すると炎症が増悪します。
- Icing（氷冷）：急性期は、1回につき感覚がなくなるまで行い、就寝時を除き、24～48時間繰り返し実施します。

6 テーピングの技術

★ テーピングの基本
- 正しい解剖学的知識に基づき、部位・病状等に応じたテープを用い、適切な肢位でテーピングします。
- アンダーラップ→アンカーテープ→サポートテープ→ロックテープの順が基本です。
- 傷害発生直後はオープン法、それ以外はクローズド法とします。

Question

 Q1 運動の参加・中止について正しいものを1つ選びなさい。

A. 運動の開始前に、参加者の健康状態を把握し、運動が禁忌^{きんき}でないことを確認しておくことが大切である。

B. 運動の参加は参加者の責任で判断されるので、指導者は体調の悪いときは中止するよう指導・教育を行えば十分である。

C. 発熱は、程度もさまざまであることから、必ずしも運動が禁忌であるわけではなく、参加者本人が可能であれば、体温37.5度程度までは運動に参加しても問題ない。

D. 運動中止が必要な自覚症状や他覚徴候を認めたときに指導者のできることは、症状の軽重にかかわらず、必ず医療機関を受診するよう指導することだけである。

E. 現在治療中の疾患がある人は、たとえ主治医が許可しても、指導者や施設側のリスク回避のため、運動に参加させてはいけない。

....

 Q2 虚血性心疾患が疑われる自覚症状について当てはまらないものを1つ選びなさい。

A. 胸痛 　　**B.** 下顎の絞扼感^{こうやく} 　**C.** 冷や汗

D. 胸骨裏面の圧迫感 　**E.** 顔面の浮腫

運動中止の必要な自覚症状や他覚徴候について誤っているものを1つ選びなさい。

A．動悸とは、通常では自覚されない強くあるいは速く打つ心臓の鼓動を自覚したときの不快感をいうが、必ずしも病気の存在を意味するものではない。

B．頭痛は、原因は多種多様であるが、突然の激しい頭痛や後頭部痛では、くも膜下出血や脳出血などの脳血管障害が疑われる。

C．失神は、一過性の脳血流低下により生ずる意識消失発作で、ヒステリーによることが多いため、たいていの場合は放っておいてよい。

D．下腿や足首、足背部に認められるむくみは、静脈瘤などの血行障害によることが多い。

E．間欠性跛行（かんけつせいはこう）は、下肢の動脈の狭窄（きょうさく）による閉塞性（へいそくせい）動脈硬化症や脊（せき）柱管狭窄症（ちゅうかん）によることが多い。

運動中の突然死について誤っているものを1つ選びなさい。

A．年齢を問わず、見かけ上健康に見える人に起こることが多い。

B．年齢別では、10歳代が最多で、50歳代、60歳代と続き、性別では男性に多い。

C．種目別では、ランニング関連が多く、運動中・直後に起こることが多い。

D．中高年者の突然死の多くは、急性心筋梗塞とされる。

E．急性心筋梗塞は、高度な血管狭窄が先行するため、その徴候を捉えることができれば予防が可能である。

第9章

問題

解答・解説

Q5 運動中の突然死の予防について正しいものを1つ選びなさい。

A．メディカルチェックで問題が検出されなければ、急性心筋梗塞の発症を心配する必要はない。

B．高血圧や糖尿病、喫煙など虚血性心疾患の危険因子の保有数により参加者のリスクの層別化を行うことは重要である。

C．運動中に会話ができるようでは、運動強度が低すぎて虚血性心疾患の予防効果は望めないので、会話ができないレベルまで強度を上げるよう指導する。

D．運動は継続することで初めて死亡率の低下などの効果が得られるので、多少体調が悪いと感じても決められた運動を実行する強い意志を持つような指導・教育を行うべきである。

E．運動中に意識を失って倒れた人に遭遇したときは、人命にかかわることなので、知識・技術に完璧な自信がない限り、心肺蘇生を行ってはいけない。

Q6 熱中症について誤っているものを1つ選びなさい。

A．運動中の熱中症事故は、偶発的要素が大きく未然に防ぐことは難しいが、できる限りの予防策を講じることは大切である。

B．熱中症の予防には、0.1〜0.3%程度の食塩水による水分補給や暑さ指数の活用、吸湿性・通気性のいい軽装、暑さへの慣れなどが有効である。

C．Ⅰ度の熱中症では、めまいや立ちくらみ、生あくび、大量発汗、筋肉痛などの症状を呈する。

D．Ⅱ度の熱中症では、頭痛や嘔吐、倦怠感、虚脱感、集中力や判断力の低下などさまざまな症状を呈する。

E．Ⅲ度の熱中症では、意識がない、応答が鈍い、けいれん発作、体温上昇などの症状を呈する。

 Q7 熱中症発生時の救急処置について正しいものを１つ選びなさい。

A．熱中症は、初めは軽症と判断しても、そのさいに適切な処置が行われないと重症化する可能性があるので、十分注意する必要がある。

B．Ⅰ度の場合は、涼しい風通しのいい場所に運び、身体が冷えすぎないように毛布をかけて様子を見る。

C．自分で水を飲むことができない者に対しては、頭部を中心に全身に水をかけて様子を見る。

D．Ⅲ度の熱中症は、死の危険のある緊急事態であるため、医療関係者以外は触れてはいけない。

E．体温が非常に高くなっていても、意識障害が軽い場合は、医療機関に搬送しなくてもよい。

 Q8 運動中の急性障害について誤っているものを１つ選びなさい。

A．過換気症候群は、過労、精神的ストレス、睡眠不足などによる心理的、情緒的不安定性が原因となり、若い女性によく見られる。

B．過換気症候群の症状が見られた場合は、まず、できるだけ大きくゆっくりとした腹式呼吸を行うよう指示する。

C．運動誘発性喘息は、冬場の長距離走で起こりやすいが、予防には十分なウォームアップが重要である。

D．運動中の腹痛は、ほとんどの場合がいわゆる、わきっ腹の痛みなので、少し休むよう指示をしておけば十分である。

E．運動誘発アナフィラキシーは、まれな疾患のため認知度が低く、啓蒙が必要な疾患とされている。

 Q9 アスリートの慢性障害について正しいものを1つ選びなさい。

A．アスリートに発症する貧血は、運動性貧血やスポーツ貧血と呼ばれるが、身体を鍛えているアスリートであるから、一般人と比べて発生頻度は非常に低い。

B．足底部の持続的・反復的な機械的刺激により、赤血球が破壊されることによって引き起こされる貧血は、希釈性貧血と呼ばれる。

C．鉄欠乏性貧血の治療・予防には、鉄剤の服用や注射など医療専門家の処置に頼ることが最も重要である。

D．「練習についていけない」、「記録が落ちてきた」などはスランプの典型的な徴候で、より一層の努力によって克服するしかない。

E．オーバートレーニングの予防には、トレーニング強度などの急激な変化を避ける、日・週・月・シーズンの各単位で十分な休養をとるなどの対策が重要である。

Q10 心肺蘇生の実施手順について誤っているものを2つ選びなさい。

A．倒れている傷病者の肩を叩きながら大声で呼びかけ、反応がなければ、応援の要請、119番通報、AED手配を行う。

B．呼吸の有無を確認し、正常な呼吸がない場合は心肺停止と判断
し、心肺蘇生を開始する。

C．心肺蘇生は、人工呼吸を2回行った後、約100回／分の速さで
30回連続の胸骨圧迫を行う。

D．心肺蘇生は、人工呼吸と胸骨圧迫をセットで行うことによって
初めて効果の得られるものであるから、どちらが欠けても効果が
なくなってしまう。

E．心肺蘇生中に、傷病者が呼びかけに反応し、普段通りの呼吸が
戻った場合は、心肺蘇生を中止してもよい。

 一次救命処置について正しいものを1つ選びなさい。

A．心室細動は、AEDでの救命処置が最善であるが、適切な心肺
蘇生によっても救命することができる。

B．AEDは、資格がなくても使用することはできるが、救命でき
なかった場合に刑事・民事の責任を問われるので、取扱いには慎
重を期すべきである。

C．ペースメーカーを装着している場合であっても、AEDを使用
することができる。

D．気道異物による窒息が疑われる場合は、腹部叩打法や背部突き
上げ法により異物の除去を試みる。

E．小児の一次救命処置において、救助者が1人の場合は、先に2
分間の心肺蘇生を実施後、119番通報、AED手配を行う。

Q12 ファーストエイドについて誤っているものを１つ選びなさい。

A．ファーストエイドとは、急な病気やけがをした人を助けるためにとる最初の行動のことである。

B．意識はないが正常な呼吸がある傷病者は、救急隊の到着までは、安全な場所で回復体位をとらせる。

C．止血は、内出血に対しては局所冷却や局所圧迫が、外出血に対しては直接圧迫止血法が、それぞれ有効である。

D．けがで手足が変形しているときは骨折の可能性が高いため、無理に元に戻そうとすることなく、副木などによってそのままの状態で固定する。

E．歯が脱落してしまったときは、水などにさらすと歯の成分が溶け出てしまうので、脱落した歯はそのまま保管する。

....

 Q13 RICE処置が必要な状態にあって、行っても支障のないものを１つ選びなさい。

A．アイシング後の運動再開　　B．温湿布薬の使用
C．患部の固定　　　　　　　　D．飲酒　　　　E．入浴

....

 Q14 突き指について誤っているものを１つ選びなさい。

A．突き指は、手指に対する衝撃によって手指の骨や関節が軽度の損傷を受けた状態を指すものであるから、自然治癒(ちゆ)に任せておけばよい。

B．スキーヤーに頻発する母指の捻挫で損傷されるのは、尺側側副

靭帯である。

C．握りこぶしでものを叩いたときなどに起こりやすい、脱臼を伴った骨折をベネット骨折という。

D．遠位指節間関節の伸筋腱断裂あるいは剥離骨折により指先を完全伸展できなくなる槌指は、ベースボールフィンガーともいわれ、野球選手での発症が比較的多い。

E．受傷時の腫れや変形が著しい場合や、受傷後1週間程度経過後も痛みや変形が残る場合には、医師の診察を受けるべきである。

Q15　骨折の分類について誤っているものを2つ選びなさい。

A．外傷性骨折とは1回の外力で骨折したもので、骨折した部位が体外に飛び出した開放骨折と、そうではない閉鎖骨折の状態がある。

B．裂離骨折とは、筋の強い活動によって腱の付着部位の骨がはがされてしまう特殊な骨折のことである。

C．単純骨折とは1箇所のみが骨折した状態であり、複雑骨折とは複数の骨折が同時に起きた状態のことである。

D．疲労骨折とは、過労により倒れたはずみで骨折してしまった場合をいう。

E．病的骨折とは、正常な骨であれば骨折を起こすほどではないわずかな外力で生じる骨折のことで、骨粗鬆症や骨腫瘍などが原因で起きる。

Q16 膝関節の靭帯として誤っているものを１つ選びなさい。

A．前十字靭帯　　B．後十字靭帯　　C．前距腓靭帯_{ぜんきょ ひ}

D．内側側副靭帯　E．外側側副靭帯

 Q17 腰痛で悩む大多数の人が該当する、いわゆる腰痛症として正しいものを１つ選びなさい。

A．急性腰痛症　B．筋・筋膜性腰痛　　　C．後腸骨稜骨端炎

D．腰椎分離症　E．腰椎椎間板ヘルニア

 Q18 頭を強く打ったときの対処法について誤っているものを２つ選びなさい。

A．意識障害はあるが、正しい呼吸をしていて、けいれんもない場合は、顔などを叩いて意識の回復を促す。

B．意識障害があり、呼吸の乱れやけいれんが認められる場合は、直ちに119番通報を行う。

C．舌根沈下を起こしている場合は、顔を横に向けるか、頭を反らせて気道を確保する。

D．受傷者を運搬するさいには、頭部、頸部の安静を保持し、血液循環障害に注意して、可能であれば脊柱保護板を用いる。

E．危険と思われる因子が多少認められても、思い過ごしであることも多いため、本人の状態をよく確認し、本人に運動再開の意思があれば参加させてもよい。

Answer

健康運動実践指導者が指導するのは健康のための運動ですから、安全面の配慮は最優先事項です。しかし、万全の予防策を講じても事故などが発生するおそれはありますので、適切な応急処置をマスターしておく必要があります。

A1 運動の参加・中止

正解 A

A. ○ 記述のとおりです。

B. ✕ 指導者は、日ごろからの指導・教育も大切ですが、参加者自ら中断しない場合もあるので、参加者の体調不良を外見的に判断することも重要です。

C. ✕ **発熱**は、感染や炎症に対する生体反応で、防衛体力低下の証しなので、**運動は禁忌です**。

D. ✕ 記述のとおり、指導者は運動参加者に、受診を指導することも大切ですが、参加者本人が症状や徴候を軽く考え受診しないこともあるので、後日必ず受診内容や経過を確認することも大切です。

E. ✕ 現在治療中の疾患があったり、高血圧や糖尿病などの虚血性心疾患の危険因子を有したりしている参加者には、主治医と十分に相談し、安全に運動が可能かどうかの判断や、参加可能な運動・レベルについての指示を仰いでおくよう指導し、その範囲内で参加させます。

第9章 問題 解答・解説

A2 運動中止の必要な自覚症状（虚血性心疾患）

正解　E

A. ⭕ **胸痛**は、虚血性心疾患の最も代表的な症状の1つです。狭心症や心筋梗塞は、さまざまな症状として現れ、患者個人からさまざまな訴えがなされます。運動中の突然死を防ぐには、虚血性心疾患への対応がとても重要です。

B. ⭕ **絞扼感（こうやくかん）、圧迫感、灼熱感**などの不快感も虚血性心疾患の最も代表的な症状の1つです。部位としては、胸骨裏面（最多）や左前胸部、下顎、咽頭、歯肉、心窩部（しんかぶ）（みぞおち）が挙げられます。

C. ⭕ 虚血性心疾患の症状の1つです。**吐き気や嘔吐、冷や汗で**発症することもあります。

D. ⭕ 虚血性心疾患の最も代表的な症状の1つです。不快感や胸痛を感じる部位としては、胸骨裏面が最多です。

E. ❌ 浮腫とは、いわゆるむくみのことです。虚血性心疾患の症状に該当しません。

A3 運動中止の必要な自覚症状や他覚徴候

正解　C

A. ⭕ 記述のとおりです。実際には、胸のドキドキした感じや心臓のおどる感じなどとして訴えられます。

B. ⭕ 記述のとおりです。

C. ❌ 失神は、一過性の脳血流低下により生ずる意識消失発作で、心疾患（不整脈、心筋梗塞など）によることが多いとされます。当然ながら、放っておくことは許されません。

D.○ 記述のとおりです。一方、全身性の浮腫（むくみ）は、心不全やネフローゼ症候群、肝硬変などが原因となります。

E.○ 記述のとおりです。**間欠性跛行**は、歩き始めてしばらくは異常がないが、一定の距離を歩くと下肢（腓腹筋や前脛骨筋など）に脱力やしびれ、痛みが出現し、立ち止まって休むと症状が改善してまた歩けるようになるという歩行障害です。

A4 運動中の突然死

正解　E

A. B. C. D.○ 記述のとおりです。

E.✕ 急性心筋梗塞の多くが、高度な狭窄（狭くなること）が進展してから発症するのではなく、軽度の状態から突然発症します。主に血管壁にこびりついたドロドロの脂質等（不安定プラーク）が突然破裂して、そこに血栓（血のかたまり）がつくられることで急激に血管が詰まってしまうために発症します。現時点では、このプラークを破裂させる原因が未解明のため、急性心筋梗塞発症の予防は難しいとされています。

A5 運動中の突然死の予防

正解　B

A.✕ メディカルチェックにも限界があり、たとえ運動負荷試験において問題が見つからなかったとしても、将来の急性心筋梗塞の発症が否定されたわけではありません。このこと

を念頭に置いて指導にあたることが大切です。

B.◯ 記述のとおりです。**虚血性心疾患の危険因子**については、養成用テキストP.207 表9-2を参照。

C.✕ 運動中の突然死の予防には、「**適切な運動**」が大切です。運動中に会話ができないというのは、運動強度が高すぎます。その他、運動強度が高すぎる徴候として、**運動後のめまいや吐き気、慢性の疲労感、不眠、関節痛**などがあります。

D.✕ 運動中の突然死の予防には、「**自己管理**」が大切です。体調不良時には、体調に合わせた無理のない運動への変更や、ときには運動を中止する勇気を持つことを指導します。

E.✕ 運動中に意識を失って倒れた人に遭遇したときは、迷わず心肺蘇生を開始します。呼吸の有無等に迷ったときは「心停止」と判断し、ただちに**胸骨圧迫**を実施します。

A6 熱中症

正解　A

A.✕ 運動中の熱中症事故は、無知と無理から健常人に起こるものであり、適切な予防策を講じることで未然に防ぐことができます。

B.◯ 記述のとおりです。熱中症の予防策については、「**熱中症予防5ヶ条**」（養成用テキストP.207 表9-3）が日本スポーツ協会から出されています。

C.◯ 記述のとおりです。**I度は、軽症で、従来の分類の軽症状である熱けいれんと熱失神、日射病に相当**します。

D.◯ 記述のとおりです。**II度は、中等症で、従来の分類の熱疲労に相当**します。速やかに医療機関への受診が必要な病態

です。

E. ○ 記述のとおりです。**Ⅲ度は、最重症で、従来の分類の熱射病に相当**します。採血、医療者の判断により入院（場合によっては集中治療）が必要な病態です。

A7 熱中症の救急処置

正解　A

A. ○ 記述のとおりです。重症度を的確に見極め、それに応じた適切な処置を行うことが大切です。

B. ✕ Ⅰ度で症状が改善している場合のみ、現場の応急処置と見守りで対応が可能です。その場合は、**涼しい風通しのいい場所に移動して休ませ、衣服を緩めて体を冷やし、経口補水液やスポーツドリンクなどを口から飲ませます**。

C. ✕ 自分で水を飲むことができない場合は、Ⅱ度以上に該当しますので、直ちに医療機関へ搬送します。

D. ✕ Ⅲ度の熱中症は、死の危険のある緊急事態であるため、体温を下げるための処置を行いながら、大至急、医療機関に搬送します。**体温を下げるには、全身に水をかけたり、濡れタオルをあててうちわなどで扇いだり、わきの下や脚のつけ根にアイスパックや冷えたペットボトルなどを濡れタオルで包んであてたりする方法が効果的**です。

E. ✕ 体温が非常に高くなっていたら、意識障害が軽くても重症と考えて対応します。熱中症は、意識の状態と体温の両方が重要です。

A8 運動中の急性障害

正解　D

A. ○ 記述のとおりです。**過換気症候群は、体内の二酸化炭素が過剰に排泄され、血中の二酸化炭素の濃度が低下**することによって引き起こされます。その結果、全身のさまざまな臓器に多彩な症状を呈します。

B. ○ 記述のとおりです。また、普段から精神的、肉体的過労を避け、原因となる精神的不安感を解決するためのカウンセリングを受けること、そして発作時には、慌てることなく腹式呼吸を行うことなどを指導します。

C. ○ 記述のとおりです。運動誘発性喘息とは、運動することで、咳などの症状や喘息発作が引き起こされる気管支喘息をいいます。運動強度が低い運動や穏やかな運動から徐々に負荷を増していくと、喘息が起きにくくとなるとされています。

D. ✕ 腹痛を起こす疾患は極めて多く、不定愁訴に近いものから緊急手術を要するものまでさまざまで、緊急の処置が必要かどうかの判断が重要です。

E. ○ 記述のとおりです。

A9 慢性障害

正解　E

A. ✕ アスリートに発症する貧血は**運動性貧血**や**スポーツ貧血**と呼ばれ、一般人に比べて明らかに高い頻度で起こります。特に、女性は男性の約2〜3倍の高頻度で発症します。

B. ✕ 足底部の持続的・反復的な機械的刺激（足の裏が繰り返し地面などに打ちつけられること）で赤血球が破壊されたために起きる貧血は、溶血性貧血と呼ばれます。希釈性貧血は、持久的トレーニングによって循環血液量が増加したために起こる見かけ上のヘモグロビン濃度の低下です。

C. ✕ 鉄欠乏性貧血の治療・予防に最も重要なのは食事です。日ごろから偏食を避け、鉄分やたんぱく質を十分に含むバランスのとれた食事を心がけることが大切です。

D. ✕ 「練習についていけない」、「記録が落ちてきた」などはオーバートレーニングの徴候ですので、一定期間のトレーニング量の調整などの対処が必要になります。

E. ◯ 記述のほか、小さな故障がオーバートレーニングの危険信号と認識する、精神的に安定した状態を保てるように努める、練習日誌と日々のコンディションチェックを実践するといった対策が挙げられます。

A10 一次救命処置（心肺蘇生）

正解　C、D

A. ◯ 記述のとおりです。反応がなければ大声で叫んで周囲に応援を要請し、そばに誰かがいれば119番通報とAED手配を依頼します。自分一人の場合は、119番通報とAED手配の後、心肺蘇生を開始します。

B. ◯ 記述のとおりです。少し高い位置から傷病者の上半身（胸と腹部を含む）の動きがあるかどうかを10秒以内に判定します。呼吸がある場合は、回復体位（次ページ図参照）にして様子を見守りながら専門家（医師や救急隊員など）の到着を待ちます。10秒間観察しても呼吸の状態がよくわからなければ、正常な呼吸はないものと判断します。

C.✕ 心肺蘇生は、手技が比較的簡単で躊躇することなく実施でき、その効果も期待できる胸骨圧迫から始めます。人工呼吸を行う技術と意思がある場合は、胸骨圧迫30回の後、口対口人工呼吸を2回行います。胸骨圧迫、あるいは胸骨圧迫と人工呼吸の組み合わせを続け、AEDが到着したらすぐに使用します。

D.✕ 心室細動の直後には血中の酸素濃度が保たれているので、人工呼吸を省略して胸骨圧迫を実施しても脳に酸素を届ける効果が得られます。

E.◯ 記述のほか、救助者は、**救急隊が到着し、その指示に従って心肺蘇生を引き継いだとき、傷病者が動き出したり声を出したり正常な息をしはじめたとき**に心肺蘇生を中止します。

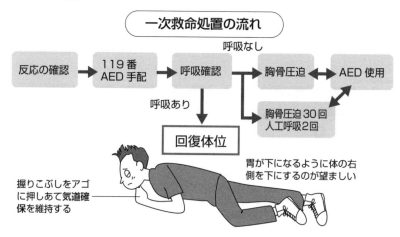

一次救命処置の流れ

反応の確認 → 119番 AED手配 → 呼吸確認

呼吸なし → 胸骨圧迫 ⟷ AED使用

胸骨圧迫30回 人工呼吸2回

呼吸あり → 回復体位

握りこぶしをアゴに押しあて気道確保を維持する

胃が下になるように体の右側を下にするのが望ましい

A11 一次救命処置（AED、特殊な状況下）

正解　C

A.✕ 心室細動や無脈性心室頻脈は、心肺蘇生では回復せず、除細動以外、救命することができません。

B. ✗ AEDは、講習を受けていなくても使用可能で、<u>たとえ不成功に終わっても刑事・民事の責任を問われることはありません</u>。音声に従うだけで、医学的な知識がなくても安心して使用できます。

C. ○ 記述のとおりです。ペースメーカーなどの医療用埋込器具がある場合には、<u>そこから2～3cm以上離してパッドを貼って使用</u>します。

D. ✗ 気道異物による窒息が疑われる場合は、<u>腹部突き上げ法や背部叩打法により異物の除去を試みます</u>。依頼できる者がいれば119番通報を依頼し、救助者が1人だけのときは異物除去を試みた後、119番通報します。

E. ✗ 傷病者が小児（1歳～思春期まで）であっても乳児（1歳未満）であっても、<u>成人の場合と手順は同じ</u>です。

A12 ファーストエイド

正解　E

A. ○ 記述のとおりです。ファーストエイドは誰によっても開始されうるものです。訓練を受けた者が行うさいは、その限界を理解し、119番通報や医療機関への受診などを常に考慮します。

B. ○ 記述のとおりです。意識がなく正常な呼吸が行われていない場合は、仰向けに寝かせて心肺蘇生を行います。

C. ○ 記述のとおりです。直接圧迫止血法などの標準的な止血法でも外出血が止まらないときは、止血ドレッシングや止血帯を使用します。

D. ○ 記述のとおりです。骨折までには至っていない**捻挫（ねんざ）や打ち身（打撲）は、冷水などで冷却**します。

第9章

問題

解答・解説

E. ✕ 脱落した歯を直ちに再植できない場合には、卵白の中で一時的に保存します。卵白が入手できない場合は、代わりに牛乳を使用します。

A13 救急処置（RICE処置）

正解　C

A. ✕ Rest（安静）、Icing（氷冷）、Compression（圧迫）、Elevation（挙上）によるRICE処置は、炎症症状を最小限にするための現場での救急処置の原則です。RICE処置は、医師の診察を受けるための前処置であり、運動を再開するための治療ではありませんので、運動を再開してはいけません。RICE処置において、**Rest（安静）が最も重要**です。

B. ✕ 温湿布薬の使用は、血管を拡張し血流量を増大させ、炎症を助長・増悪させてしまうので、行ってはいけません。

C. ◯ RICE処置が必要な受傷時は、必要に応じて患部の固定も行われます。

D. ✕ 飲酒は、血管を拡張し血流量を増大させ、炎症を助長・増悪させてしまうので、行ってはいけません。

E. ✕ 入浴は、血管を拡張し血流量を増大させ、炎症を助長・増悪させてしまうので、行ってはいけません。

A14 突き指

正解　A

A. ✕ 突き指は、手指に対する衝撃によって手指の骨や関節に生じた損傷全般を指す一般的な呼び名です。一般に軽視され

がちですが、重症のものになると**骨折や靭帯（じんたい）・腱の損傷が見られ、不完全な治療では指の機能や形態に障害を残す**ことがあります。

B.○ 記述のとおりです。尺側側副靭帯が完全に断裂してしまうと、腫れや痛みがとれた後でも握るときに、力が入らなくなってしまいます。

C.○ 記述のとおりです。ベネット骨折では、母指の中手骨で起きた骨折が関節の中にまで及びます。

D.○ 記述のとおりです。なお、槌指（つちゆび）はマレットフィンガーとも呼ばれ、**指の先端部分の関節を伸ばすための腱が切れる、あるいは腱の付着部が骨ごとはがされる**ために指が伸びなくなります。

E.○ 記述のとおりです。また、医師による治療終了後も数か月間は、運動中は**テーピングによって固定し、再発を予防**します。

A15 骨折

正解 C、D

A.○ 記述のとおりです。**外傷性骨折**の救急処置としては、副木や段ボールなどの硬いもので患部を固定し、上肢であれば、三角巾やひもで吊って体幹に固定します。開放骨折の場合は、これを清潔なガーゼや布で覆います。そして、できるだけ早く専門医の診察を受けます。

B.○ 記述のとおりです。**裂離骨折**は若年者に多く見られ、**骨盤、膝蓋骨の下、脛骨の上端**などでよく起きます。

C.✕ 単純骨折とは閉鎖骨折のこと、複雑骨折とは開放骨折のことです。閉鎖骨折と開放骨折については、A.の記述のとおりです。

第9章
問題
解答・解説

D. ✕ 疲労骨折とは、1回では骨折には至らないような小さな力が繰り返し同一部位に加わった結果起こる骨折のことです。**運動中に慢性的な痛みが足のすねや足の甲、肋骨に見られるようであれば、疲労骨折を疑います。**

E. ○ 記述のとおりです。**病的骨折**はわずかな外力で発生しますので、中高年者の運動指導では注意が必要です。

A16 捻挫（膝関節の靱帯）

正解　C

A. ○ **膝関節には、前十字靱帯、後十字靱帯、内側側副靱帯、外側側副靱帯という大切な靱帯が4つあります。**前十字靱帯と後十字靱帯は関節包の中にある特殊な靱帯で、損傷すると手術によって再建するしかありません。

B. ○ 後十字靱帯は、膝関節の靱帯の1つです。

C. ✕ 前距腓靱帯は、足関節の靱帯です。**足関節でよく起きる内がえし捻挫で損傷されるのは前距腓靱帯、後距腓靱帯、踵腓靱帯の3つです。**

D. ○ 膝関節の靱帯の1つです。内側側副靱帯は、膝が30度程度の屈曲位で、外反を強制されたさいに損傷されることが多く、**前十字靱帯や半月板（大腿骨と脛骨の間を埋める軟骨性の組織）の損傷も併発**するケースが多く見られます。

E. ○ 外側側副靱帯は、膝関節の靱帯の1つです。

A17 腰痛

正解　B

A. ✕ **急性腰痛症とは、いわゆるぎっくり腰**のことです。原因は
よくわかっていませんが、坐骨神経痛はなく、安静・消炎
鎮痛剤投与などで短期間に治癒します。

B. ○ いわゆる腰痛症は、腰部の**筋疲労が主原因の筋・筋膜性腰
痛症**です。坐骨神経痛はなく、X線検査などでも異常は見
られません。

C. ✕ **後腸骨稜骨端炎は、成長期特有の腰痛症**で、腸骨稜の成長
軟骨部に停止・起始する腰部・殿部の筋に引っ張られて起
きる炎症です。成長期を過ぎれば、症状はなくなります。

D. ✕ **腰椎分離症は、腰椎を連結する関節の突起の疲労骨折**によ
り起こる腰痛で、特に体幹の後屈により疼痛が現れます。
腰椎分離症を放置すると、**分離部で上下の腰椎がずれる腰
椎すべり症に移行**することがあります。

E. ✕ **腰椎椎間板ヘルニア**は、椎間板の中心部にあるゼリー状の
髄核が周囲を取り囲む線維輪を破って飛び出し、下肢を支
配している坐骨神経などを刺激することによって腰痛が起
こります。**坐骨神経痛を伴います。**

A18 頭部の損傷

正解　A、E

A. ✕ 意識がなくても正しい呼吸をしていれば軽い脳震盪である
場合が多いのですが、叩いたりせず、その場で動かさずに
寝かせておきます。呼吸が乱れたり、いびきをかいたり、
けいれんを伴う場合は脳挫傷や頭蓋内出血の可能性が高

いため、速やかに医師のもとへ運ぶ必要があります。

B.◯ 記述のとおりです。脳挫傷や頭蓋内出血は、最悪の場合、死に至りますので、一刻も早い搬送が必要です。

C.◯ 記述のとおりです。舌根沈下や嘔吐物による窒息を防ぐため、気道の確保は重要です。

D.◯ 記述のとおりです。頭部の損傷は、専門医のもとに運び込まれるまでの応急処置が、その選手の命運を左右する場合もありますので、大変重要です。

E.✕ 危険と思われる因子が多少でも認められたら、**厳然として運動を中止させます**。重大な障害に発展するおそれのある場合は、入院、観察の必要があります。

健康運動実践指導者
模擬試験 1

全40問。解答時間は90分。

Q1 世界保健機関（WHO）憲章の前文に記された健康の定義
では、どのような面で良好な状態（well-being）である
ことが「健康」とされているか、当てはまらないものを2
つ選びなさい。

A．経済的
B．文化的
C．精神的
D．身体的
E．社会的

Q2 健康増進法の特徴として正しいものを1つ選びなさい。

A．脂肪の過食や野菜の摂取不足などの現状の対策として制定され
た。
B．受動喫煙の防止を初めて法律に盛り込んだ。
C．がん検診を受ける努力をするよう規定している。
D．健康寿命を2年延ばすことを目標とした。
E．介護が必要な被保険者が申請すれば保険給付が受けられる。

Q3 骨格筋の仕組みについて正しいものを2つ選びなさい。

A. 筋原線維はアクチンフィラメントとミオシンフィラメントからなる。

B. 無酸素性エネルギー供給機構はATP-CP系のみである。

C. クエン酸回路（TCA回路）による有酸素性エネルギー供給機構はミトコンドリアの中で行われる。

D. ATP-CP系によるATP再合成が継続できる時間は33秒程度である。

E. ADPが分解されるときに生じるエネルギーで筋は収縮する。

Q4 筋線維のタイプについて誤っているものを1つ選びなさい。

A. 赤筋と白筋の色の違いは、ミオグロビンの含有量の違いによるものである。

B. 赤筋は遅筋とも呼ばれ、タイプⅡ線維とも呼ばれる。

C. タイプⅡB線維はFG線維とも呼ばれる。

D. 世界的なスプリンターでは外側広筋の速筋線維比率が80%を超える。

E. 個人の筋線維タイプの構成比率は遺伝的に決定している。

Q5 呼吸循環器の機能に関して正しいものを2つ選びなさい。

A. 呼吸の役割は酸素と二酸化炭素のガス交換である。

B. 肺動脈から肺胞上の毛細血管網を通り肺静脈に戻る経路を体循

環という。

C. 毛細血管の壁は非常に薄いので、血管の内と外での物質交換が可能である。

D. 呼吸筋とは肋間筋のみを指す。

E. 最大運動時、骨格筋への血流量は安静時の4倍程度になる。

 成人における標準的な収縮期血圧と拡張期血圧について正しいものを1つ選びなさい。

A. 収縮期血圧：110mmHg 　　拡張期血圧：80mmHg
B. 収縮期血圧：120mmHg 　　拡張期血圧：90mmHg
C. 収縮期血圧：130mmHg 　　拡張期血圧：90mmHg
D. 収縮期血圧：120mmHg 　　拡張期血圧：80mmHg
E. 収縮期血圧：130mmHg 　　拡張期血圧：80mmHg

 運動に伴う呼吸循環機能の変化について誤っているものを1つ選びなさい。

A. 運動強度の増加とともに分時換気量が増加する。

B. 心拍数は運動強度にほぼ比例して直線的に増加する。

C. 40歳の一般的な人の心拍数は180拍/分程度まで上昇すると考えられる。

D. 運動中は静脈帰還血流量が増え、1回拍出量が増加する。

E. 運動強度が高くなるにつれて、収縮期血圧も拡張期血圧もほぼ直線的に増加する。

Q8 健康で活動的な生活を送るために必要とされる最大酸素摂取量について正しいものを1つ選びなさい。

A．10ml／kg／分程度
B．20ml／kg／分程度
C．35ml／kg／分程度
D．45ml／kg／分程度
E．80ml／kg／分程度

Q9 骨格筋の特徴に関して誤っているものを2つ選びなさい。

A．紡錘筋に比べ、羽状筋は同じ筋量でも大きな力を発揮できる。
B．解剖学的筋横断面積とは筋線維の走行に垂直に切った断面積である。
C．羽状筋は、大きく速く動かすことには適していない。
D．関節の角度が異なると発揮できる筋力が異なる。
E．筋収縮は速く短縮するほど大きい力発揮ができる。

Q10 長骨について正しいものを1つ選びなさい。

A．脊柱
B．大腿骨
C．手根骨
D．頭頂骨
E．下顎骨

第10章

問題

関節運動と関連の深い競技動作について誤っているものを
1つ選びなさい。

A．前腕の回外：卓球のバックハンドドライブ
B．肘の伸展：ボクシングのジャブ
C．肩の水平内転：テニスのフォアハンド
D．股関節の外転：スケート
E．膝の屈曲：走り高跳び

 投動作と打動作に関して正しいものを2つ選びなさい。

A．手やバットなど、ボールとの接触部分の速さを高めるには多く
の筋を使うほうがよい。
B．投・打の技術が優れていることと体の末端まで力学的エネル
ギーを伝えられるということは同義である。
C．ボールとの接触部の速さへの影響は、回転運動より並進運動の
ほうが大きい。
D．投動作では、上腕を強化することが投球スピードにとって重要
である。
E．打動作のインパクト時、腰部は更に回転速度を上げる。

 栄養素に関して正しいものを2つ選びなさい。

A．糖質は1gあたり9kcalのエネルギーをもつ。
B．ビタミンAは水溶性である。
C．たんぱく質は体の構成成分の約25%を占める。

D．水は体の構成成分の60〜70%を占める。

E．ミネラルは体内合成できないため、食物から摂取しなければならない。

 運動時のエネルギー源について誤っているものを１つ選びなさい。

A．低強度運動における糖質と脂質の利用割合は、時間の経過とともに脂質の利用割合が高くなる。

B．運動強度が高くなると、筋グリコーゲンの利用が多くなる。

C．筋グリコーゲンを補充するために、運動終了後の活動エネルギーでは脂質が優位に利用される。

D．たんぱく質の摂取不足があると、運動の結果、かえって筋量が減少することもある。

E．運動開始後、20分経過してから脂質が使われ始める。

 エネルギー消費に関して誤っているものを１つ選びなさい。

A．メッツとは、活動エネルギーが座位安静代謝量の何倍かを示す値である。

B．座位安静時の酸素摂取量は3.5ml／kg／分である。

C．メッツ・時とは運動量の指標である。

D．エネルギー消費量＝「メッツ・時÷体重」である。

E．４メッツの運動を２時間行うと運動量は８メッツ・時になる。

Q16 運動と栄養・食生活について正しいものを1つ選びなさい。

A．運動選手に見られる貧血の多くは、鉄欠乏性貧血である。

B．男性より女性のほうが血中ヘモグロビン濃度が高い。

C．男性より女性のほうが高齢期における骨粗鬆症のリスクが低い。

D．サプリメントの摂取は競技能力を向上させるため、可能な限り多く摂るべきである。

E．1日に摂取する総エネルギー量のうち、糖質から摂取する割合は、40％程度が推奨されている。

....

 Q17 最大酸素摂取量とその測定方法について誤っているものを1つ選びなさい。

A．最大酸素摂取量とは、個人の限界レベルの運動時に得られる、毎分あたり酸素摂取量の最大値のことである。

B．測定方法の中では、直接法が最も妥当性が高い。

C．直接法よりも間接法のほうが安全性の高い測定方法である。

D．全身運動を行ったときのほうが、上肢のみの運動時に比べて高い測定値が得られる。

E．測定装置としてトレッドミルを使用したときのほうが、自転車エルゴメーターを使用したときよりも測定値が低くなる傾向にある。

次の体脂肪測定の中で最も信頼度（精度）が高いものを1つ選びなさい。

A．水中体重秤量法
B．空気置換法
C．BI法
D．皮下脂肪厚法
E．BMI法

 65歳から79歳を対象とした新体力テストの測定項目について誤っているものを1つ選びなさい。

A．握力
B．上体起こし
C．長座体前屈
D．急歩
E．開眼片足立ち

 有酸素性運動後のクールダウンプログラムに含まれないものを1つ選びなさい。

A．低強度の有酸素性運動
B．ROM運動
C．バリスティックエクササイズ
D．ストレッチング
E．リラクセーション

Q21 有酸素性運動の各種目の特徴に関して正しいものを2つ選びなさい。

A. 自転車エルゴメーターは、一定強度の保持には向いていない。

B. 水泳は、個人のスキルに影響を受けるので、各個人のスキルを考慮しなければならない。

C. ラケットスポーツは、楽しく実施できるため、ハイリスク者にも適している。

D. 水中ウォーキングはリハビリ初期に適している。

E. 縄跳びは関節の負担が少ない種目である。

....

Q22 ACSMが推奨する有酸素性能力向上のための運動時間について正しいものを1つ選びなさい。

A. 中等度の強度の運動を1日に10分以上行う。

B. 中等度の強度の運動を1日に最低20分連続で行う。

C. 中等度の強度の運動を1日に最低20分、1回あたり10分以上であれば分割して行ってもよい。

D. 高強度の運動を1日に最低20分、1回あたり10分以上であれば分割して行ってもよい。

E. 高強度の運動を1日に10分以上行う。

....

Q23 ソーシャルマーケティングに関して、誤っているものを1つ選びなさい。

A. 「これがあなたに最適です」という運動を紹介するアプローチである。

B. 市場の細分化をする。

C．対象者を似た者同士でグループ化できる。
D．対象者の価値観に合った行動を勧めることが可能である。
E．身体活動・運動を行うことが採択されやすくなる。

 動機づけ面接に関して正しいものを１つ選びなさい。

A．医療従事者中心の指導法である。
B．最初にアジェンダの設定を行い、続いてラ・ポールの形成を行う。
C．アジェンダの設定では、話し合うべきことを複数決めて、同時進行する。
D．重要性の探求では、患者を説得しながら行動を変えさせる。
E．無理にテーマを押し付けると患者に「抵抗」が生じてしまい、ラ・ポールが損なわれることもある。

 ウォームアップの方法について誤っているものを１つ選びなさい。

A．ウォーキングはウォームアップとして有効である。
B．ラジオ体操は高齢者などが実施するには難しくて不適切である。
C．スタティックストレッチングは筋温の上昇に有効である。
D．コントロールされた動的ストレッチングは有効である。
E．マッサージは血流を促進するので有効である。

ストレッチング実施上のポイントと注意点について誤っているものを２つ選びなさい。

A．姿勢を保持しているときは息をゆっくり吐き、そのまま息を止めておくこと。

B．反動をつけて最大限に伸ばすこと。

C．筋が温まった状態で行うこと。

D．伸ばす筋を意識すること。

E．楽なストレッチングから段階を追って関節可動域を広げていくこと。

 ウォーキングに関して正しいものを２つ選びなさい。

A．ジョギングよりもウォーキングのほうが地面反力が小さい。

B．ウォーキング中の地面反力のピーク値は体重の３倍程度である。

C．やや速く歩くときの歩幅は身長の45％程度である。

D．男性の自然歩行の速度は、毎分60m程度である。

E．有酸素性能力向上のためには、１回につき最低10分以上の継続が必要である。

 体重60kgの人が、およそ時速７kmのジョギングを30分行ったときの消費エネルギー量について正しいものを１つ選びなさい。

A．210〜240kcal

B．280〜310kcal

C. 340〜370kcal

D. 400〜430kcal

E. 460〜490kcal

 ジョギングのフォームについて誤っているものを2つ選びなさい。

A. かかとから着地する。

B. 上体は前傾を保つ。

C. 両足の幅は広めに保つ。

D. 自然な呼吸を心がける。

E. 足先はまっすぐ前に向ける。

 ウォーキング実施における安全上の注意点について誤っているものを1つ選びなさい。

A. 体温が37度以上あるときは中止すべきである。

B. 空腹時や食事直後は避けるべきである。

C. 水分はウォーキング前にも摂取しておくとよい。

D. 服装はできるだけ多く汗をかけるようにサウナスーツなどを着るとよい。

E. シューズはかかとの衝撃が緩和される機能があるほうがよい。

Q31 エアロビックダンスに適したシューズに関して誤っている
ものを1つ選びなさい。

A．衝撃吸収性に優れている。

B．前足部のクッション性が高い。

C．ソールに適度な柔軟性がある。

D．靴底が滑りにくく、しっかりと床に密着する。

E．下肢に傷害の経験のある人は、かかとの安定性の高いシューズ
を選ぶなどするとよい。

 Q32 エアロビックダンスの指導者の役割について誤っているも
のを1つ選びなさい。

A．参加者が「楽しい」と思える運動プログラムを作成する。

B．運動プログラムを作成するさいには、参加者の体力レベルに応
じた運動強度や運動時間の構成を考慮する。

C．運動中は、参加者が無理をしていないか、不適切な動作になっ
ていないかを判断し、動きについてこられなくなったら、退室す
るよう指示する。

D．運動中に参加者と会話をすることによって、参加者の心を和ま
せるとともに疲労状態を判断する。

E．運動によるトレーニング効果を得るため、また、傷害を予防す
るため、指導者自身が手本となるよい動きを示し、参加者に模倣
させる。

Q33 水泳・水中運動における浮力と抵抗について誤っているものを1つ選びなさい。

A．浮力とは、体の体積と等しい水の重さの分だけ、重力と反対方向に働く力である。

B．骨が太くて筋の多い人のほうが、脂肪の多い人よりも水に浮きにくい。

C．浮力の働きによって、陸上では脚や膝を痛めやすい運動でも、水中では体に無理な衝撃を加えることなく実践できる。

D．水中を移動するときに、移動方向と逆向きに受ける力を抵抗といい、動く速度の2乗に比例する。

E．水泳での水中姿勢については、水面に対する体の傾きが大きくなると抵抗が増す。

Q34 水泳・水中運動の効果について誤っているものを1つ選びなさい。

A．呼吸筋が鍛えられ、呼吸機能が改善される。

B．血管の収縮、拡張機能が高まり、体温調整機能が向上する。

C．下肢の血液循環が良くなり、むくみの改善などがある。

D．浮力の影響でバランスがとりやすくなる。

E．足腰への負担が少なく、安全である。

Q35 レジスタンストレーニングの方法について誤っているものを１つ選びなさい。

A．アイソメトリックトレーニングとは、筋の長さを保ったまま収縮させるトレーニングである。

B．アイソメトリックトレーニングは、トレーニングした関節角度近辺での効果はあるが、それ以外の関節角度での効果が低い。

C．アイソトニックトレーニングには、コンセントリックトレーニングとエキセントリックトレーニングがある。

D．アイソキネティックトレーニングとは、一定の速度で筋を収縮させるトレーニングである。

E．アイソキネティックトレーニングは、最も一般的なマシンによるトレーニングであり、手軽に行うことができる。

....

Q36 レジスタンストレーニングを安全に実施するためのポイントについて誤っているものを１つ選びなさい。

A．スクワットやパワークリーンを行うさいには、低負荷でも、腰背部を保護するためのトレーニングベルトは必須である。

B．アイソメトリックトレーニングは、頑張りすぎて息を止めがちになるので、注意する。

C．胸部に直接関与しない種目では、スタート動作の前に息を吸い込み、力を発揮しながらフィニッシュ動作まで息を吐きだす。

D．フリーウエイトで高重量を用いる場合には補助者が必須である。

E．ウォームアップとして、軽重量を５〜６回、２〜３セット行うとよい。

Q37 オーバーグリップで行うレジスタンストレーニング種目について誤っているものを１つ選びなさい。

A．ツーハンズカール
B．ベンチプレス
C．ミリタリープレス
D．アップライトロウ
E．パワークリーン

 Q38 突然死について誤っているものを２つ選びなさい。

A．発症の年齢別では10歳代が最多である。
B．女性のほうが発症が多い。
C．若年者の発症原因は不明であることが多い。
D．中高年者の発症原因は急性心筋梗塞が多い。
E．心筋梗塞は定期的な検査で予防が可能である。

 Q39 一次救命処置に関して正しいものを２つ選びなさい。

A．AEDは講習を受けていなくても使用可能である。
B．小児用のAEDパッドは成人にも使用可能である。
C．心肺蘇生は胸骨圧迫のみでもよい。
D．周囲に人がいない場合、119番通報よりも心肺蘇生を優先して行う。
E．胸骨圧迫は60回／分のペースで行う。

突き指に関して正しいものを１つ選びなさい。

A．重症になることはないので安静にしていればよい。

B．スキーヤーの母指とは親指の付け根の骨折のことである。

C．ベネット骨折に脱臼を伴うことはない。

D．マレットフィンガーとはMP関節の剥離骨折などが原因である。

E．PIP関節側副靭帯断裂をすると指が側方に曲がってしまう。

第 **11** 章

健康運動実践指導者
模擬試験2

全40問。解答時間は90分。

オタワ憲章の内容として正しいものを1つ選びなさい。

A. プライマリ・ヘルス・ケア国際会議で採択された。
B. 一人ひとりが80歳まで健康でいられる社会を形成しようとするものである。
C. WHOが打ち出した概念とは異なるものである。
D. ヘルスプロモーションという概念から採択されたものである。
E. 健康寿命を2年伸ばすことを目的としたものである。

「健康日本21（第2次）」の基本方針について誤っているものを2つ選びなさい。

A. 健康寿命の延伸と平均寿命の抑制
B. 主要な生活習慣病の発症予防と重症化予防
C. 社会生活を営むために必要な機能の維持および向上
D. 健康を支え、守るための社会環境の整備
E. 栄養・食生活、身体活動・運動、休養、飲酒、喫煙などに関する医療保険制度の拡充

Q3 メタボリックシンドロームの診断基準について誤っている
ものを1つ選びなさい。

A．必須条件として、ウエスト周囲径が、女性の場合、90cm以上

B．必須条件に加え、選択条件が1項目以上該当

C．選択条件として、高トリグリセライド血症150mg／dl以上、
低HDLコレステロール血症40mg／dl未満の一方あるいは両方
に該当

D．選択条件として、収縮期血圧130mmHg以上、拡張期血圧
85mmHg以上の一方あるいは両方に該当

E．選択条件として、空腹時高血糖110mg／dl以上

Q4 骨格筋の仕組みについて誤っているものを2つ選びなさ
い。

A．筋原線維のアクチンフィラメントとミオシンフィラメントが滑
走して筋は収縮する。

B．筋収縮の指令は、α運動ニューロンを通じて活動電位として筋
線維に伝えられる。

C．筋線維は、ADPがATPに合成されるときに放出されるエネル
ギーで収縮する。

D．グリコーゲンがピルビン酸へ変化していく過程でATPが合成
されるエネルギー供給機構を解糖系という。

E．有酸素性のエネルギー供給は、短距離走などのハイパワーの活
動時に多く動員される。

運動と筋線維のタイプについて正しいものを１つ選びなさい。

A．一般人の外側広筋では、速筋線維と遅筋線維の比率はほぼ同じで50％ずつ程度である。

B．スポーツの記録向上には、その種目の特性に応じた筋線維の比率などは大きな関係はない。

C．筋線維のタイプの比率は、遺伝性はほとんどない。

D．トレーニングによって、筋線維のタイプの変化は全く見られない。

E．マラソンランナーの外側広筋は遅筋線維が20％程度である。

....

 筋収縮に関して正しいものを２つ選びなさい。

A．単位面積あたりで発揮される筋力を固有筋力という。

B．短縮性収縮とは筋の長さが短くなっていく収縮様式である。

C．筋肥大を目的としたトレーニングには少なくとも３週間は必要である。

D．肘や膝は関節角度が180度付近で筋力発揮が最大となる。

E．筋力と筋の太さはほぼ無関係である。

....

 循環系機能の指標について誤っているものを１つ選びなさい。

A．成人における安静時心拍数は、およそ毎分60～80拍程度である。

B．成人における１回拍出量は、およそ60～70ml程度である。

C. 心拍出量とは、心拍数×1回拍出量のことである。

D. 左心室が収縮したときの血圧が収縮期血圧である。

E. 脈圧とは、心筋の強さのことである。

 Q8 運動時の酸素利用について正しいものを1つ選びなさい。

A. ウォーキングやジョギング程度の中強度の運動では、酸素摂取量が一定の値を示す定常状態まで1時間程度要する。

B. 酸素摂取量は、運動強度に比例して直線的に増加するが、ある強度を境に横ばい状態になる。

C. 酸素摂取量および運動強度に比例して、換気量も直線的に増加していく。

D. 最大酸素摂取量は、酸素を取り込む呼吸系の能力のみによって決まる。

E. 「酸素借＝酸素負債」の関係式が常に成り立つ。

 Q9 加齢に伴う体力変化に関して誤っているものを2つ選びなさい。

A. 体重あたりの最大酸素摂取量は低下する。

B. 他人の介助なしで基本的な生活を送るには12〜13ml／kg／分の最大酸素摂取量が必要である。

C. 健康で活動的な生活を送るには45ml／kg／分の最大酸摂取量が必要である。

D. 1日あたりの歩数が多い高齢者ほど脚伸展パワーが高い。

E. 握力は20歳をピークに、そこから減少していく。

筋が発揮する力に関して正しいものを1つ選びなさい。

A．より大きな力を発揮したい場合、最も大きな力を発揮できる関
節角度を調べる必要がある。

B．スキーなどでは、足、膝、股関節はできるだけまっすぐに伸ば
したほうが力発揮が大きい。

C．ダンベルなどをもち上げるとき、このダンベルの重さを「真の
筋力」という。

D．肘関節屈曲におけるテコ比はおよそ8である。

E．関節角度によって発揮筋力が変わるのは、アクチンとミオシン
の量が変わるからである。

 運動と流体力に関して正しいものを1つ選びなさい。

A．流体中を物体が移動するとき、移動を促進させる成分を抗力と
いう。

B．揚力とは、抗力に対して直角上向きの成分である。

C．抗力や揚力は流体の密度に反比例する。

D．抗力や揚力は物体の面積の二乗に比例する。

E．抗力や揚力は移動速度に単純比例する。

 必須脂肪酸について誤っているものを2つ選びなさい。

A．リノール酸

B．アラキドン酸

C．リノレン酸

D．葉酸

E．クエン酸

 日本人が日常不足しがちなミネラルについて正しいものを 2つ選びなさい。

A．カルシウム

B．ナトリウム

C．鉄

D．カリウム

E．亜鉛

 日本人の食事摂取に関して誤っているものを2つ選びなさい。

A．日本人の食事摂取基準は5年ごとに改定される。

B．日本人の食事摂取基準とは、エネルギーおよび栄養素の1日あたりの摂取量の基準を示したものである。

C．食生活指針とは、日本人の1日の摂取カロリーの上限を定めたものである。

D．食事バランスガイドとは、2000年に発表された食生活指針に基づいて策定されたものである。

E．日本人の食事摂取基準では、すべての人に統一した推定エネルギー必要量が示されている。

Q15 運動と栄養・食生活について正しいものを2つ選びなさい。

A．運動選手の多くにみられる貧血は、鉄欠乏性貧血である。

B．男性と比べ、女性のほうが血中ヘモグロビン濃度が高い。

C．運動による骨へのストレスは骨を弱化させる。

D．持久系の運動選手でも、糖質の摂取量目安は健康維持レベルの摂取目安と変わらない。

E．現代の日本人の食生活ではたんぱく質が非常に不足している。

 Q16 ADLの説明として正しいものを1つ選びなさい。

A．生活の質

B．日常生活活動

C．心肺機能

D．最大筋力

E．リズム感覚

 Q17 新体力テストの測定項目と測定内容について正しいものを1つ選びなさい。

A．上体起こしは、全身持久力の測定である。

B．長座体前屈は、ハムストリングスなどの柔軟性の測定である。

C．反復横とびは、瞬発力の測定である。

D．立幅とびは、脚部筋力の測定である。

E．20mシャトルランは、敏捷性の測定である。

Q18 新体力テストが対象とする全年齢層に共通する測定項目について誤っているものを2つ選びなさい。

A．握力
B．上体起こし
C．反復横とび
D．立幅とび
E．長座体前屈

Q19 体脂肪量の測定について誤っているものを2つ選びなさい。

A．水中体重秤量法とは、アルキメデスの原理を応用し、空気中と水中の体重の差を利用した測定である。
B．水中体重秤量法は特殊な器具が不要で、極めて手軽にできる測定である。
C．DXA法の特徴は、1回の測定で骨量や脂肪量、除脂肪骨量に分けて測定できることである。
D．インピーダンス法は、体水分量の影響を受けにくいため信頼性が高い。
E．皮下脂肪厚法は、つまみ方によって皮下脂肪厚が過大・過小評価されやすい。

Q20 特異性の原則に関して誤っているものを2つ選びなさい。

A．トレーニングした器官・機能においてのみトレーニング効果が得られる。

B．速度特異性とは、短時間でトレーニング効果が得られるということである。

C．有酸素性トレーニングを行うと最大酸素摂取量が向上する。

D．無酸素性トレーニングを行うと最大酸素借が向上する。

E．個人の特質を考慮してトレーニングを行うことが必要である。

 健康な人の最大酸素摂取量を増加させるためのトレーニング強度について正しいものを1つ選びなさい。

A．20%最大酸素摂取量以上

B．40%最大酸素摂取量以上

C．50%最大酸素摂取量以上

D．70%最大酸素摂取量以上

E．80%最大酸素摂取量以上

 ウォームアップとクールダウンについて誤っているものを1つ選びなさい。

A．ウォームアップによって、呼吸循環器系のイベントを予防できる。

B．ウォームアップによって、運動器の傷害を予防できる可能性がある。

C．クールダウンによって、過呼吸を予防できる。

D．クールダウンによって、疲労の早期回復ができる。

E．クールダウンによって、筋肉痛の予防が確実にできる。

Q23 有酸素性運動機器の特徴について誤っているものを2つ選びなさい。

A．トレッドミルは、ベルトの下がスチールであるため、走りすぎると足底筋のオーバーユースの危険性がある。

B．固定式自転車エルゴメーターは、腰部などに問題がある人は、リカンベント型よりアップライト型を使用したほうがよい。

C．ステアアッパーは、手すりで体を支えるとエネルギー消費量は少なくなってしまう。

D．エリプティカルトレーナーは、重心の移動によって様々な部位を鍛えることができる。

E．ローイングマシンは、ストローク時に腰をしっかりと反らすことで腰背部の強化になる。

 Q24 身体活動・運動の実施がメンタルヘルスに与える影響について誤っているものを1つ選びなさい。

A．身体活動・運動への参加は肯定的気分および肯定的感情と関連する。

B．身体活動・運動の実施は自尊感情の肯定的な変化と関連する。

C．身体活動・運動の実施は不安や抑うつを低減させる。

D．身体活動・運動を行うことによって眠りが浅くなる。

E．身体活動・運動は女性の更年期症状に対して肯定的な効果をもつ。

Q25 トランスセオレティカル・モデル（TTM）に関して正しいものを２つ選びなさい。

A．運動指導にしか適用できない方法である。

B．ロードアイランド大学のプロチャスカらによって提唱された。

C．中心的な構成要素は、変容ステージである。

D．セルフエフィカシーとは、自分の役割を果たそうという意識のことである。

E．意思決定バランスとは、他者と自身の意見の調整のことである。

Q26 健康運動実践指導者に必要とされる能力について誤っているものを１つ選びなさい。

A．運動プログラムは「効果的」で「安全性」が高く、「楽しい」ものでなければならない。

B．運動プログラムは対象者の性別、年齢、体力レベルなどに合わせて内容や組み合わせなどを変える必要がある。

C．見本となる動きを示すには、アクセントをつけるなど、オーバーな動きをする必要がある。

D．キューイングでは、動きのイメージを伝えるようにする。

E．対面指導は、コミュニケーションはとりやすいが、見本の動きがわかりにくいこともある。

Q27 ウォームアップの効果について誤っているものを１つ選びなさい。

A．関節可動域が向上し、傷害を予防できる。

B．神経伝達速度が高まり、反応時間が短くなる。
C．酸素摂取効率を高め、持久力が向上する。
D．運動開始時の乳酸の蓄積を少なくできる。
E．筋肉痛を軽減できる。

Q28 ストレッチングの目的について誤っているものを２つ選び
なさい。

A．短縮した筋を元の長さに戻すことで血液循環を促し、乳酸の除
去を早める。
B．靭帯を伸ばすことで関節可動域を広げる。
C．ハムストリングスの柔軟性が低いと肉離れを起こしやすいた
め、ストレッチングが有効である。
D．筋温を上げてからゆっくりと時間をかけて行う静的ストレッチ
ングは、ウォームアップに有効である。
E．主運動の後は、筋温が上がっているため少し強めのストレッチ
ングも有効である。

Q29 歩行の特性に関して誤っているものを２つ選びなさい。

A．片脚立脚期は、１歩行周期の約40％を占める。
B．地面反力の鉛直方向の分力は２つのピークをもつが、その値は
体重の５倍程度となる。
C．ウォーキング中の地面反力は、ジョギングより小さい。
D．歩行動作には個人差があるが、膝の動きは個人差が少ない。
E．歩幅を広げると股関節の回旋運動が起こるため、股関節周辺の
筋活動が増加する。

Q30 体重60kgの人が7メッツのジョギングを45分行ったときのおおよその消費エネルギーについて正しいものを1つ選びなさい。

A．315kcal

B．415kcal

C．515kcal

D．615kcal

E．715kcal

....

Q31 ウォーキングのフォームで最も大切な点は「歩幅を広げて」歩くことである。その他に留意すべき点としては、（　　　）ことが挙げられる。（　　　）に入る言葉として当てはまらないものを選びなさい。

A．背筋を伸ばす

B．肘を伸ばす

C．あごを引く

D．かかとからしっかり着地する

E．まっすぐ前を見る

....

Q32 ジョギングによる障害について誤っているものを1つ選びなさい。

A．ランナー膝は、膝蓋骨と大腿骨がこすれ合って生じる痛みのことである。

B．腸脛靱帯炎は、発症原因に走りすぎやアライメント異常などが関連する場合もある。

C．脛骨過労性骨膜炎は、コンパートメント症候群とも呼ばれる。

D．アキレス腱炎の原因には、足の回内傾向、O脚、ハムストリングス・下腿筋群・アキレス腱の柔軟性の欠如などが挙げられる。

E．足底筋膜炎とは、かかとの骨の下から母指球をつなぐ組織に繰り返し負荷がかかることによって炎症が生じることである。

 Q33 エアロビックダンスのレッスン構成について誤っているものを1つ選びなさい。

A．ウォームアップの目的は、筋温、心拍数を適度に上げ、主運動での酸素摂取量を高めることである。

B．スタティックストレッチングを十分に行うことで、さらに効果的なウォームアップが行える。

C．エアロビックダンスの主運動は、強度を徐々に上げるアップ、強度を維持するキープ、強度を徐々に下げるダウンという具合にベルカーブを描くようにする。

D．1時間のプログラムでは、エアロビックダンスの主運動は20〜30分が一般的である。

E．ジャンプを伴うステップをハイインパクト、ジャンプを伴わないステップをローインパクトと呼ぶ。

 Q34 水泳・水中運動を指導するさいのポイントについて誤っているものを1つ選びなさい。

A．陸上で同じ運動強度の運動を行ったときよりも心拍数が高くなるので、通常の方式で求めた目標心拍数から10〜15拍高い心拍数を目標心拍数とする。

B．け伸びでは、ストリームラインを保って進むようにする。

C．クロールのリカバリーでは、肘・小指・親指の順に水から出て
くるようにする。

D．アクアビクスは、エアロビックダンスを水中で行うようにアレ
ンジしたものである。

E．水中ウォーキングでは、底をしっかりと踏みしめ、腕を大きく
振る。

 Q35 レジスタンス運動について誤っているものを２つ選びなさ
い。

A．高齢者には、筋力低下の著しい大腿四頭筋のトレーニングなど
は控えたほうがよい。

B．低体力者には最大筋力の50％程度の強度で、１セット10〜
15回の反復を３セットほど行うとよい。

C．筋肥大に関しては、トレーニング開始後１週間程度で効果が表
れる。

D．最大筋力測定は、１RMテストより最大下テストのほうが初心
者や中高年者には適している。

E．フリーウエイトよりマシントレーニングのほうがリハビリテー
ションや中高年者の筋力向上に適している。

Q36 通常オーバーグリップで行うトレーニング種目に関して
誤っているものを１つ選びなさい。

A．ツーハンズカール

B．パワークリーン

C．ミリタリープレス

D．ベンチプレス

E．ベントオーバーロウ

 Q37 レジスタンストレーニングを安全に行うために必要なこととして正しいものを１つ選びなさい。

A．多少の疲労なら予定どおりトレーニングを実施してよい。

B．呼吸は、胸郭が開くときに息を吐くと自然に呼吸できる。

C．マシンなどは、回転軸に関節軸を合わせるように椅子の位置などを調整する。

D．トレーニングベルトはベンチプレスを行うさいには特に有効である。

E．フリーウエイトで高重量を使用する場合でも、補助者は１人で行うのが望ましい。

 Q38 内科的な障害に関して誤っているものを２つ選びなさい。

A．中高年者の突然死は、虚血性心疾患、特に急性冠症候群が主な原因である。

B．熱中症は重症度によりⅠ度～Ⅲ度に分かれるが、Ⅲ度は熱射病に相当する。

C．過換気症候群とは、酸素の取り込みすぎによるアシドーシスである。

D．運動性貧血の原因は、主に鉄欠乏性貧血である。

E．オーバートレーニング症候群とは、過剰なトレーニングによる関節障害である。

Q39 整形外科的障害と救急処置について誤っているものを1つ
選びなさい。

A．挫傷が発生したさいの救急処置としては、炎症症状を最小限に
するためのRICE処置を行う。

B．RICE処置のRest（安静）には「そのままの状態にしておく」
という意味も含まれるので、脱臼が発生した場合も脱臼したまま
にしておく。

C．外傷性骨折は、開放骨折と複雑骨折に分けられる。

D．疲労骨折は、小さな力が骨の同じ部位に繰り返し加わるために
起きるものである。

E．腰椎分離症は、主に成長期に腰椎同士を連結する関節の突起に
疲労骨折を生じることによって起きる。

....

 Q40 テーピングに関して誤っているものを2つ選びなさい。

A．スポーツ種目ごとの関節可動域などの知識が必要である。

B．疾患の種類に応じてテープの強度、幅、伸縮性を変える。

C．一般的には関節を完全伸展した位置で固定する。

D．アンダーラップを使用することで固定力が強化される。

E．受傷直後は腫脹を避けるためにオープン法を使う。

参考文献

『健康運動実践指導者養成用テキスト』財団法人健康・体力づくり事業
財団著（財団法人健康・体力づくり事業財団：現　公益財団法人健康・
体力づくり事業財団）2009年

『健康運動指導士養成講習会テキスト』財団法人健康・体力づくり事業
財団著（社会保険研究所）2007年

『最新　フィットネス基礎理論　健康・運動指導者のためのUP-Dateテ
キスト』小沢治夫、西端泉編著（社団法人　日本エアロビックフィット
ネス協会：現　公益社団法人　日本フィットネス協会）2004年

『身体運動の機能解剖改訂版』Clem W. Thompson、R.T. Floyd著、中村
千秋、竹内真希訳（医道の日本社）2002年

『栄養の基本がわかる図解事典』中村丁次著（成美堂出版）2005年

『観察による歩行分析』Kirsten Götz-Neumann著、月城慶一、山本澄子、
江原義弘、盆子原秀三訳（医学書院）2005年

『パーソナルフィットネストレーナー　日本語版』NESTA Global Fitness
Japan事務局（現NESTA JAPAN事務局）著（医学映像教育センター）
2007年

●編著者プロフィール

NESTA JAPAN

全米エクササイズ＆スポーツトレーナー協会日本支部

NESTA（National Exercise & Sports Trainers Association）は、1992年にアメリカ・ロサンゼルスで設立された、健康・スポーツ・フィットネスの分野における人材教育を行う団体です。その日本支部となるNESTA JAPANは、2007年より活動を開始。「社会の"元気"に貢献します」という理念のもと、世界標準のトレーナー資格「NESTA PFT」の認定のほか、大手フィットネスクラブの教育プログラムの開発や、「Wii Fit」（任天堂）、「au Smart Sports Fitness」（KDDI）の監修を手掛けるなど、人々が「心と体の健康」を大切にし、実現するためのあらゆる手段・機会を提供し続けています。

NESTA JAPANホームページ：www.nesta-gfj.com

●監修者

村上　浩宣

NESTA JAPAN事務局長兼マスタートレーナー

中京大学体育学部卒。競泳選手として名門尾道高校～中京高校にて活躍後、中京大学水泳部で鶴峯治氏のもと指導者としての研鑽を積み、三重県水泳連盟強化部長を務める。現在は、幼児から要介護の高齢者まで幅広い層を対象に運動指導を行う一方、コンサルティング、セミナー活動、専門学校講師などを通じてより多くの人々に"元気"を届ける活動をしている。NESTA PFT有資格者。

改訂3版　健康運動実践指導者試験　筆記対策　分野別＆模擬問題集

2009年12月30日	初　　　版第1刷発行	
2012年10月20日	改　訂　版第1刷発行	
2016年11月10日	改訂2版第1刷発行	
2021年12月10日	改訂3版第1刷発行	
2024年10月10日	改訂3版第2刷発行	

編 著 者——NESTA JAPAN
　　　　　©2021 NESTA JAPAN
発 行 者——張 士洛
発 行 所——日本能率協会マネジメントセンター
〒103-6009　東京都中央区日本橋2-7-1　東京日本橋タワー
TEL 03（6362）4339（編集）／03（6362）4558（販売）
FAX 03（3272）8127（編集・販売）
https://www.jmam.co.jp/

装　　　丁——冨澤崇（EBranch）
イラスト——株式会社森の印刷屋
本文DTP——株式会社森の印刷屋
印刷・製本所——三松堂株式会社

ISBN 978-4-8207-2961-7 C3075
落丁・乱丁はおとりかえします。
PRINTED IN JAPAN

改訂版
専門学校生のための就職内定基本テキスト

専門学校生就職応援プロジェクト 著
A5判 168頁（別冊 48頁）

　専門学校生の就職活動に精通した著者による、就職内定を得るために覚えておきたい要素をまとめた基本テキスト。

　仕事とキャリアの考え方から自己分析、企業研究、筆記対策・面接対策まで、専門学校生が就職活動に際して知っておくべき知識とノウハウをまとめた1冊となっています。

　ワークシートや別冊の「就職活動ノート」を活用することで、就活生自身が自分で考え、就職活動を進めていける工夫を満載しています。

2024-2025年版
【公式】食生活アドバイザー®3級テキスト&問題集

**一般社団法人
FLAネットワーク®協会 編**
A5判 320頁

　食生活アドバイザー®は、食を通じて生活全般について適切な助言や指導ができるスペシャリストです。『3級』は、生活者・消費者として生きるための「よりよい食生活の実践知識」の習得をめざします。

　実施団体による唯一の公式テキストであり、検定試験の内容に沿って出題範囲ごとに構成。試験対策として、文字を隠せる赤シート付き。各章末には、実際に出題された試験問題にもとづいた模擬問題（本試験2回分）を収録。収録用語数も充実し、さらに使いやすくなっています。

日本能率協会マネジメントセンター

別冊　健康運動実践指導者模擬試験

解答・解説

Answer

本番の試験と同じ問題数を同じ時間で解いて、解答の
ペースをつかんでおきましょう。問題文と選択肢をあわ
てずによく読む（正しいものを選ぶのか誤っているもの
を選ぶのか判断するなど）ことが大切です。

第1回模擬試験問題

（本文P.254〜270）

A 1 　正解　A、B

この定義によって、「病気、虚弱でないから健康」という発想から「健康を積極的に表現する」という方向に進み出すことになりました。「社会的」とは良好な人間関係や良好な所属環境などのことを指します。

A.B. ✕　身体的、精神的、社会的の3つが正しい答えです。

C.D.E. ○　記述のとおりです。

A 2 　正解　B

2002年に公布された健康増進法は、行政通知として出された「健康日本21」の法的基盤となるもので、健康の増進に関する国民や国・自治体等の責務が定められました。「受動喫煙の防止」が初めて盛り込まれた法律でもあります。

A. ✕　記述は食育基本法の内容です。

B. ○　記述のとおりです。

C. ✕　記述はがん対策基本法の内容です。

D. ✕　記述は健康フロンティア戦略の内容です。

E. ✕　記述は介護保険法の内容です。

A 3 　正解　A、C

骨格筋の構造と収縮の仕組み、およびそのエネルギー供給の仕組みを理解することで、効果的な運動の指導ができます。

A. ○　アクチンフィラメントをミオシンフィラメントの頭部がたぐり寄せるようにして筋が収縮する仕組みを滑走説と呼んでいます。

B. ✕　無酸素性エネルギー供給機構にはATP-CP系と解糖系があります。ATP-CP系ではクレアチンリン酸（CP）が分解されることによりATPが再合成され、解糖系では筋線維の中のグリコーゲンがピルビン酸に分解されることによってATPを再合成します。

C. ○　ミトコンドリアは遅筋の中に多く存在します。遅筋のトレーニングを行うとミトコンドリアの量が増加し、有酸素性能力が向上します。

D. ✕　ATP-CP系のみでATPの再合成を継続できる時間は8秒程度です。

E. ✕　ATP（アデノシン3リン酸）が分解されるときに生じるエネルギーで筋は収縮します。

A4 　正解 B

筋線維は見かけ上の色や収縮速度、ATP再合成能力などを基準に数種類のタイプに分類されます。

A.○ ミオグロビンが赤いため、ミオグロビンの量が多い赤筋は赤く見えます。

B.✕ 赤筋は遅筋とも呼ばれ、タイプⅠ線維とも、SO線維とも呼ばれます。

C.○ 記述のとおりです。タイプⅡは収縮パワーの高いタイプⅡBと持久性を併せ持つタイプⅡAに分かれます。

D.○ 記述のとおりです。

E.○ 記述のとおりです。後天的にトレーニングによって変化する可能性があるのはFOG（タイプⅡA）線維とFG（タイプⅡB）線維の間だけです。

A5 　正解 A、C

運動を持続するためには、骨格筋に酸素を供給し続けなければなりません。空気中の酸素を体内に取り込むための主要な役割を担うのが、呼吸器（肺など）と循環器（心臓・血管など）からなる呼吸循環系です。

A.○ 記述のとおりです。

B.✕ 記述は肺循環のことです。

C.○ 毛細血管壁を通して、酸素と二酸化炭素、栄養と老廃物などが交換されます。

D.✕ 肋間筋と横隔膜の2つを呼吸筋といいます。

E.✕ 最大運動時は安静時の20倍程度まで上昇します。

A6 　正解 D

血流が血管内壁を垂直に押す圧力を血圧といいます。左心室が収縮しているときの血圧を収縮期血圧（最高血圧）といい、左心室が拡張しているときの血圧を拡張期血圧（最低血圧）といいます。高血圧症の診断基準は、収縮期血圧が140mmHg、拡張期血圧が90mmHg以上とされています。

A.B.C.E.✕ 120mmHg／80mmHgが正しい答えです。

D.○ 記述のとおりです。

A7 　正解 E

運動を始めると活動筋でのエネルギー需要が増えます。エネルギーの供給には酸素が必要なのでその運搬のための血流が増加する必要があります。血流が増加する以外にも、いくつかの呼吸循環系の変化が生じます。

A.B.C.D.○ 記述のとおりです。

E. ✕ 運動強度の上昇に伴い、収縮期血圧は上昇しますが、拡張期血圧はむしろ低下することもあります。これは運動に伴う血管拡張により血管抵抗が低下するためです。

A 8 （正解）**B**

体重あたりの最大酸素摂取量は加齢に伴って減少します。他人の介助なしに基本的な日常生活を営むためには12〜13ml／kg／分程度の最大酸素摂取量が必要とされています。さらに、健康で活動的な生活を送るためには、その1.5倍以上の最大酸素摂取量を保持していることが望ましいとされています。

A.C.D.E. ✕ 上記のとおり20ml／kg／分程度が正しい答えです。

B.○ 記述のとおりです。

A 9 （正解）**B、E**

骨格筋は、大きく速く動かすのに適した紡錘筋と大きな力を発揮することに適した羽状筋等に大きく分けられます。また、筋収縮は、関節角度や収縮速度によって、発揮される力の大きさが変化します。

A.C.D.○ 記述のとおりです。

B.✕ 筋線維の走行に垂直に切ったものは生理学的筋横断面積です。

E.✕ 速い短縮ほど大きな力発揮ができなくなります。

A 10 （正解）**B**

人体は、さまざまな形をした骨で構成されています。骨は、形状によって、長骨・短骨・扁平骨・不規則形骨に分類されます。身体運動に深く関わるのが、四肢の長骨です。

A.✕ 脊柱は椎骨の集合体であり、椎骨は不規則形骨です。

B.○ 記述のとおりです。上腕骨や脛骨なども長骨です。

C.✕ 手根骨は短骨です。

D.✕ 頭頂骨は扁平骨です。

E.✕ 下顎骨は不規則形骨です。

A 11 （正解）**E**

身体運動は、さまざまな関節運動の組み合わせです。どんなに複雑な身体運動も、動きの基本面と軸を正しく捉えることによって、正確に理解することができます。

A.B.C.D.○ 記述のとおりです。

E.✕ 膝の屈曲は、矢状面上における、前額軸を回転軸とした動きです。飛び込みの

抱え込み動作などがこれに当たります。走り高跳びの踏み切り動作は、膝の伸展です。

A 12 　（正解）A、B

投動作と打動作は、手あるいはバット・ラケットなどの、ボールとの接触部をできるだけ速く動かすという点で共通しています。この速さを高めるには、筋パワーの増大、多数の筋の動員、力学的エネルギーの効果的な伝達がカギとなります。

A.B.○ 記述のとおりです。

C.✕ 回転運動のほうが大きく影響します。

D.✕ 上腕単独の筋力より上胴から投球腕への力学的エネルギーの流れが重要です。

E.✕ インパクト時は、腰部が止まり肩部が腰部を追い越しています。

A 13 　（正解）D、E

炭水化物、脂質、たんぱく質、無機質（ミネラル）、ビタミンを五大栄養素といい、このうち、エネルギー源となる炭水化物、脂質、たんぱく質を三大栄養素といいます。

A.✕ 糖質は１ｇあたり４kcalです。脂質は９kcal、たんぱく質は４kcalです。

B.✕ ビタミンA、D、E、Kは脂溶性です。

C.✕ たんぱく質は体の構成成分の約17％です。

D.E.○ 記述のとおりです。

A 14 　（正解）E

運動時の糖質と脂質の使用割合は運動強度や継続時間によって異なります。糖質も脂質も運動開始時から利用されますが、開始直後は糖質の割合が高く、時間の経過とともに脂質の割合が高まります。

A.○ 記述のとおりです。

B.○ 記述のとおりです。運動強度が高くなると、血中グルコースより筋グリコーゲンの利用が多くなります。

C.○ 記述のとおりです。運動中に脂質を利用するには中強度の運動が適していますが、高強度の運動後も、運動中に消費された筋グリコーゲンを補うために脂質が利用されます。減量を進めるためには、運動中の脂質利用にとらわれることなく、運動による総エネルギー消費量を考慮することが大切です。

D.○ たんぱく質の摂取が不足すると、筋が分解されやすくなり、筋量の減少が起こります。

E.✕ 糖質と脂質の利用割合は連続的に変化するものであり、20分してから初めて

脂質が使われるということはありません。

A 15 （正解）**D**

身体活動によるエネルギー消費量の推定に使われる、最も代表的な活動強度の指標が、メッツ（METs）です。メッツ値は、座位安静時代謝量の何倍のエネルギー消費量になるかを表します。

A.B.C.E. ⭕ 記述のとおりです。

D. ❌ 「メッツ・時×体重」です。

A 16 （正解）**A**

ほとんどの栄養素は、不足すると競技能力に影響をもたらします。栄養状態を良好に保つことが重要ですが、過剰な摂取にも注意が必要です。

A. ⭕ 記述のとおりです。鉄やたんぱく質の摂取不足、出血、女性の場合は月経などの影響で鉄の栄養状態の低下が起こります。

B. ❌ ヘモグロビン濃度は女性のほうが低く、男性に比べて貧血のリスクが高くなっています。

C. ❌ 女性は男性よりもピーク時の骨密度が低く、さらには閉経の影響もあり、女性のほうが高齢期における骨粗鬆症のリスクが高くなります。

D. ❌ 栄養が不足している場合にはサプリメントは有効ですが、それ以上の摂取が競技能力を向上させるどうかは不明です。

E. ❌ 健康の維持・増進が目的の人においても、運動選手においても、推奨される糖質の摂取目安は総摂取エネルギー量の50〜70%とされています。

A 17 （正解）**E**

最大酸素摂取量は、肺の換気量、血液の酸素運搬能力、毛細血管の発達の程度、心拍出量、骨格筋における酸素利用能力などの総合力として評価されます。代表的な測定方法について、それぞれの利点と欠点を理解しておくことが大切です。

A.B.C.D. ⭕ 記述のとおりです。

E. ❌ トレッドミルは自転車エルゴメーターと比べ使用筋量が多いことと、走るという動作が慣れた動作であるという理由から、トレッドミルを使用したほうが高い測定値が出やすくなります。

A 18 （正解）**A**

体脂肪量の測定方法は、特殊な機器や測定技術が必要だが精度の高い間接法（基準法）

と簡単に測定できるが精度は劣る間接―間接法（簡便法）とに大別されます。

A.○ 古くから用いられてきた基準法で、特殊な設備や測定技術が必要ですが、精度の高い測定が可能です。

B.C.D.E.✕ 間接―間接法（簡便法）ですので、精度は劣ります。

A 19 （正解）**D**

新体力テストの特徴は、対象となる６歳から79歳までの共通項目があるため、加齢に伴う体力の変化を確認することができる点です。

A.○ 記述のとおりです。筋力を評価する測定項目です。

B.○ 記述のとおりです。筋持久力を評価する測定項目です。

C.○ 記述のとおりです。柔軟性を評価する測定項目です。

D.✕ 全身持久力の評価は、急歩ではなく６分間歩行で行われます。

E.○ 記述のとおりです。平衡性を評価する測定項目です。

A 20 （正解）**C**

有酸素性運動後は、クールダウンによって、心拍数・呼吸数・血圧を徐々に安静状態に戻していきます。一般的なクールダウンのプログラムとしては、低強度の有酸素性運動→ROM（関節可動域）運動→ストレッチング→リラクセーションの順に進めます。

A.B.D.E.○ 含まれます。

C.✕ 含まれません。

A 21 （正解）**B、D**

有酸素性運動の運動種目は、運動強度をコントロールしやすい順に、グループ１～３に分けることができます。本問選択肢のA.とD.がグループ１、B.がグループ２、C.とE.がグループ３に当たります。

A.✕ 自転車エルゴメーターは、一定強度を保ちやすい種目です。

B.○ 水泳は、各個人では安定したエネルギー消費を期待できます。

C.✕ ラケットスポーツは、予期せぬ動きや過剰な負荷がかかるおそれがあるため、ハイリスク者には不向きです。

D.○ 水中ウォーキングは、浮力により体重負荷が軽減されるため、リハビリに適しています。

E.✕ 縄跳びは関節負担が大きい種目です。

A 22 （正解）**C**

有酸素性能力の向上や身体組成の改善（体脂肪減少）には、運動強度と時間をかけあわせた運動量が影響します。しかし、運動強度が高すぎたり、運動時間が長すぎたりすると、傷害発生のリスクが増加するだけでなく、継続の意思を維持しづらくなるおそれがあります。目標としては、中等度の強度の運動を1日最低20分行うとよいとされていますが、体力の低い人にとっては運動時間を10分程度に分割したほうが取り組みやすい場合もあります。中等度とは3〜6メッツ程度の強度を指し、速めのウォーキング（速歩＝4メッツ）などがこれに該当します。

A.B.D.E.✕ C.の記述が正しい答えです。

C.〇 記述のとおりです。

A 23 （正解）**A**

ソーシャルマーケティングとは、指導者が一方的に最適解を押しつけるプッシュ型ではなく、対象者のニーズ等を引き出し、それに添った最適解を提案するプル型のアプローチです。市場の細分化（セグメント化）を行い、対象者をグループ化することで、そのグループに合った形で身体活動・運動習慣等を勧めることができるため、採択される可能性が高まると考えられています。

A.✕ 対象者が「自分にはこれが最適だ」と考えているものを探り、その考えに合うような解決法を提案するアプローチです。

B.C.D.E.〇 記述のとおりです。

A 24 （正解）**E**

動機づけ面接とは、「患者の中のアンビバレンス（対立する感情）を探り、解消することにより、患者の動機づけを高める患者中心の指導法」です。「人は自律的に動機づけられたさいに行動を変える」という考え方に基づいています。動機づけ面接は、「ラポールの形成」「アジェンダ（テーマ）の設定」「重要性、自信、および準備状態の評価」「重要性の探求、または自信の構築」という流れで進められます。

A.✕ 患者中心の指導法です。

B.✕ 最初にラ・ポールの形成を行います。

C.✕ アジェンダの設定とは優先順位を決めてターゲットを絞ることです。

D.✕ 説得はせず、患者自身に考えさせるように進めます。

E.〇 記述のとおりです。あくまでも患者との話し合いで決定します。

A 25 （正解）**C**

ウォームアップとは筋温を高めて筋の動きを活発にし、身体各部を運動に適した良好な状態にすることです。ウォームアップの目的としては、事故やけがの予防のほか、パフォーマンスの向上、心理的準備、体調の把握などがあります。

A.○ 記述のとおりです。ウォーキングは筋温上昇に有効です。

B.○ ラジオ体操は、高齢者にとっては深い関節屈曲やはずみをつけたねじり動作など不適当な動きも多く、ウォームアップとしては適切ではありません。

C.✕ ウォームアップとして行う場合、姿勢保持時間の長いスタティックストレッチングは適当ではありません。筋温も上昇せず、筋が弛緩してしまうため、パフォーマンスがかえって低下してしまうおそれもあります。

D.○ 記述のとおりです。「コントロールされた」とは、無理な反動を使ったり、適切な関節可動域を超えた動きをしたりせずに行う、ということです。

E.○ マッサージは筋への血流が促進されるので有効です。ただし、長い時間行うと筋が弛緩してしまうので適切ではありません。

A 26 （正解）**A、B**

ストレッチングは適切に行わないと効果が低いだけでなく、傷害につながる危険性もあります。実施上のポイントをよく理解して行う必要があります。

A.✕ ゆっくりと息を吐きながら筋を伸ばし、姿勢を保持している間は自然な呼吸を続けます。

B.✕ 反動をつけると伸張反射が起こり、効果的に筋を伸ばすことができません。痛みを感じない程度に伸ばして10～30秒保持するとよいでしょう。

C.○ 記述のとおりです。冬季など、寒い状況でストレッチングを行うときは特に注意が必要です。軽い運動後や入浴後などに行うと、筋が温まっていて伸張しやすくなります。

D.○ 伸ばす筋をわかっていないと、形だけを真似ても、肝心の筋はほとんど伸ばされていないということになりかねません。

E.○ 最初はタオルなどの補助具を使ってもよいでしょう。また、時間も10秒程度から徐々に30秒程度まで延ばしていきましょう。

A 27 （正解）**A、C**

ウォーキングとジョギングは、誰もが手軽に始められる身近な有酸素性運動ですが、それぞれの特性を理解し、適切な運動指導が行われてこそ安全で効果的な運動となります。

A.C.◯ 記述のとおりです。

B.✕ 立脚期に体重の1.2〜1.5倍程度になります。

D.✕ 男性は毎分80m程度、女性は毎分70m程度です。

E.✕ 1回につき30分以上続けて歩くことが勧められます。

A 28 〔正解〕 **A**

ジョギングの強度と継続時間、そして体重がわかれば、おおよそのエネルギー消費量が算出できます。時速7kmということはおよそ分速117mで、約7メッツに相当します。

ACSM式算出. $(3.5＋0.2×117)$ (ml/kg/分)$×30$(分)$×60$(kg)$÷1,000×5$(kcal/l)
$＝242.1$kcal

メッツ式算出. 7(メッツ)$×0.5$(時間)$×60$(kg)$＝210$kcal

A.◯ 上記の計算式のとおりです。

B.C.D.E.✕ A.が正しい答えです。

A 29 〔正解〕 **B、C**

ジョギングでは両脚支持期（両足とも地面についている状態）がなく、両足とも地面から離れている遊脚期があります。このため、着地時には体重の2〜3倍の負荷がかかり、脚部への衝撃が大きくなります。適切なフォームでジョギングをすることで傷害を予防します。

A.◯ 記述のとおりです。

B.✕ 上体が前傾しすぎると、着地衝撃が強くなるため不適切です。

C.✕ 足幅が広すぎると、動きの効率が悪くなります。

D.◯ 記述のとおりです。

E.◯ 記述のとおりです。

A 30 〔正解〕 **D**

ウォーキングは比較的安全な運動といえますが、それでもいくつかの注意が必要です。対象者が単独で行う可能性も高いため、安全に実施するための注意点をしっかり伝えておくことが重要です。

A.◯ 記述のとおりです。

B.◯ 記述のとおりです。空腹時に行うと低血糖症状を、食事直後は消化不良などを起こす可能性があります。

C.◯ 記述のとおりです。水分は一度にたくさんとらず、運動前や運動中にこまめに

とることが重要です。

D.✕ 体温の過剰な上昇を抑えるために、汗はできるだけ発散させる必要があります。したがって、通気性の高い服装で運動することが重要です。

E.◯ 記述のとおりです。かかとが高すぎるシューズや底が薄すぎるシューズは避けるべきです。

A 31　（正解）D

エアロビックダンスを安全かつ効果的に楽しんでもらうためには、それに適したウエアやシューズ、さらには実施する床面の材質等にまで気を配ることが求められます。

A.B.C.E.◯ 記述のとおりです。

D.✕ 適度に滑りやすい靴底のほうがけがをしにくくなります。

A 32　（正解）C

適切なエアロビックダンスの指導をするには多くの注意点があります。音楽に合わせる必要があったり、着地の衝撃が強かったりと、他の運動指導と比較して指導者が参加者を適切に導くための役割は多くなります。

A.B.D.E.◯ 記述のとおりです。

C.✕ 前半は記述のとおりです。運動についてこられなくなったら足踏みだけをするよう指示するとよいでしょう。

A 33　（正解）A

水中では、「浮力」「抵抗」「水圧」「揚力」「推進力」など、陸上とは異なる力が働き、体や動きに影響を及ぼすため、それらを上手に利用することが大切です。

A.✕ 浮力とは、水中にある体の体積と等しい水の重さの分だけ、重力と反対方向に働く力です。

B.C.D.E.◯ 記述のとおりです。

A 34　（正解）D

水泳・水中運動には、通常の有酸素性運動やレジスタンス運動等としての効果に加え、水の特性により得られる効果もあります。

A.◯ 記述のとおりです。水圧により胸部が圧迫されるため、陸上よりも努力呼吸が必要になり、呼吸筋が鍛えられます。

B.◯ 水温への適応のために地上とは異なる体温調節が必要になり、体温調整機能が向上します。

C.◯ 記述のとおりです。水深が深いほうが水圧が高いため、水中で立っているだけで下肢の血液は上半身に向かって押し上げられ、静脈還流量が増加します。

D.✕ 浮力によって足が浮きあがる力が働き、陸上よりも<u>バランスがとりにくくなります</u>。

E.◯ 浮力によって膝や腰にかかる負荷が大きく軽減されるため、膝や腰に問題を抱える人でも無理なく運動をすることができます。

A 35 （正解）**E**

レジスタンストレーニングは、筋の収縮様式によっていくつかのトレーニング方法があります。それぞれの特徴を理解し、目的に合ったトレーニングを行うことが重要です。

A.◯ 記述のとおりです。胸の前で手のひらを合わせて押し合うパームプレスなどがこれに該当します。6～10秒程度の最大筋力発揮を行うトレーニングが有効です。ただし、行った関節角度での筋力強化しかできず、また血圧が上昇しやすいという欠点もあります。

B.◯ 記述のとおりです。

C.◯ コンセントリックトレーニングは筋が短縮しながら力を発揮している状態です。アームカールでは肘関節屈曲をしているときの上腕二頭筋がそれにあたります。エキセントリックトレーニングは筋が引き伸ばされながら力を発揮している状態です。アームカールでは重さに耐えながら肘関節が伸展していくときの上腕二頭筋がそれにあたります。

D.◯ 記述のとおりです。どの角度でも最大筋力を発揮できる、押し戻される力が働かないために安全性が高い、というメリットがあります。

E.✕ アイソキネティックトレーニングには<u>特殊で高価なマシンが必要であり、手軽に行うことはできません</u>。

A 36 （正解）**A**

レジスタンストレーニングを安全に行うためのポイントには、体調チェック、呼吸法、正しいフォーム、補助具、補助者、適切なウォームアップとクールダウンなどがあります。

A.✕ 80％1RM以上の高負荷でスクワットを行う場合などでは、トレーニングベルトは腹圧を高めて腰背部を保護することには有効です。しかし、<u>低負荷でも常時使用するようになると体幹の安定化能力が低下する</u>ので注意が必要です。

B.◯ 息こらえ（怒責）は血圧を急上昇させるので、意識的に呼吸をさせることを心がけるとよいでしょう。

C.◯ 記述のとおりです。なお、ベンチプレスやダンベルフライなど胸部が関与する種目では胸郭が開く動作のときは息を吸い込み、胸郭が閉じる動作のときは息を吐き出します。

D.◯ 高重量や多回数のトレーニングを行うときは予期せぬ事故が起こるおそれが高まります。トレーニングする本人が大丈夫だといっても、必ず補助者をつけましょう。

E.◯ 記述のとおりです。レジスタンストレーニングのウォームアップは、主動作を低負荷で行います。

A 37 （正解）**A**

各ウエイトトレーニングでバーベルやシャフトを握るにはさまざまなグリップがあります。安全性と効果をよく理解したうえで適切なグリップの指導をしましょう。

A.✕ ツーハンズカールは<u>アンダーグリップ（逆手）</u>で行います。

B.C.D.E.◯ 記述のとおりです。

A 38 （正解）**B、E**

スポーツ活動中の突然死は年齢を問わず、見かけ上健康に見える人に起こりがちです。運動中の突然死の予防には、①メディカルチェック、②適切な運動、③自己管理、④心肺蘇生の４つが機能することで効果を発揮します。

A.◯ 記述のとおりです。続いて50歳代、60歳代と続きます。

B.✕ 突然死は<u>男性</u>のほうが多くなります。

C.◯ 記述のとおりです。

D.◯ 中高年者の突然死の60〜75%は急性心筋梗塞です。

E.✕ 急性心筋梗塞は主に不安定プラークの破綻による急激な血管閉塞であるため<u>予測は困難</u>です。

A 39 （正解）**A、C**

一次救命処置とは、①突然の心肺停止（もしくはそれに近い状態）に陥ったときに胸骨圧迫と人工呼吸を行う「心肺蘇生」、②「AED（自動体外式除細動器）」を用いた除細動、③特殊な状況下での一次救命処置の３つを指し、誰もが行える処置です。

A.◯ 記述のとおりですが、いざというときに自信をもって使えるよう講習を受けておきたいものです。

B.✕ 成人用を小児に使用することは可能ですが、<u>小児用を成人には使用しません</u>。

C.◯ 記述のとおりです。

D. ✗ まず119番通報を優先します。

E. ✗ 胸骨圧迫は100～120回／分で行います。

A 40　（正解）**E**

「突き指」は、一般に軽視されがちですが、本問選択肢のような重症の場合もあり、RICE処置や医療機関の受診など適切な対応が求められます。

A. ✗ 骨折や靭帯・腱の損傷のような重症となることもあり、不完全な治療では指の機能障害等が残ることもあります。

B. ✗ スキーヤーの母指とは、親指の人差し指側の靭帯損傷です。

C. ✗ ベネット骨折は、脱臼を伴うことが多い骨折です。

D. ✗ マレットフィンガーは、DIP関節に起こりやすいけがです。

E. ○ 記述のとおりです。

第2回模擬試験問題　(本文P.272〜288)

A 1　正解　D

健康および健康づくりの概念がどのように形成されてきたのか、その歴史を理解することで、現在の健康づくり施策や生活習慣変容の重要性をより深く理解できます。

A.✕ 記述はアルマ・アタ宣言のことです。

B.✕ 記述は日本のアクティブ80ヘルスプランのことです。

C.✕ オタワ憲章は、WHO（世界保健機構）の会議で採択されたものです。

D.○ 記述のとおりです。

E.✕ 記述は日本の健康フロンティア戦略のことです。

A 2　正解　A、E

健康日本21（第2次）は、「すべての国民が共に支えあい、健やかで心豊かに生活できる活力ある社会の実現」を目指して、2012年7月に策定されました。対象期間は2013〜2022年度の10年間で、基本方針として本問A.〜E.の5分野が設定されています。

A.✕ 正しくは、「健康寿命の延伸と健康格差の縮小」です。

B.C.D.○ 記述のとおりです。

E.✕ 正しくは、「栄養・食生活、身体活動・運動、休養、飲酒、喫煙および歯・口腔の健康に関する生活習慣および社会環境の改善」です。

A 3　正解　B

高血圧、血中脂質異常、肥満、耐糖能異常などの動脈硬化の危険因子は、一個人に複数集中することが多く見られ、これらの複数の危険因子が重なるとそれぞれの危険因子が単独の場合と比較して相乗的に働き、動脈硬化性疾患の危険度を高めることになります。

A.C.D.E.○ 記述のとおりです。

B.✕ 必須条件に加えて、選択条件の2項目以上に該当することが、メタボリックシンドロームの診断基準です。

A 4　正解　C、E

骨格筋は、筋原線維内のアクチンフィラメントとミオシンフィラメントが互いに滑走することによって収縮します。この収縮が起きるためには、脳や脊髄からの指令がα運動ニューロンを通じて活動電位として筋線維に伝えられる必要があります。また、筋収縮

のエネルギーはATPがADPに分解されることによって得られており、ADPをATPに再合成するためのエネルギー供給システムとして、ATP-CP系・解糖系・有酸素性エネルギー供給機構が存在します。

A.B.D.◯ 記述のとおりです。

C.✕ アデノシン３リン酸（ATP）がADPに分解されるときに生じるエネルギーで筋は収縮します。

E.✕ 有酸素性エネルギー供給機構にはクエン酸回路（TCA回路）と電子伝達系があり、主に長距離走などのローパワーを発揮しているときに動員されます。

A5 （正解）A

骨格筋は、見た目の色から赤筋と白筋に分けられます。赤筋は収縮速度が遅く、白筋は速いため、それぞれ遅筋、速筋とも呼ばれます。この他にも、収縮速度や持久力の違いによる分類・呼称がありますので、それぞれの対応関係を整理しておきましょう。骨格筋内にはこのようなタイプの異なる筋線維がモザイク状に分布しており、その構成比率は遺伝的要素に大きく左右されます。

A.◯ 記述のとおりです。

B.✕ 瞬発系の競技では速筋が、持久系の競技では遅筋が多いほうが有利であり、筋線維タイプの構成比率はスポーツの記録向上に大きく関与します。

C.✕ 筋線維タイプの構成比率を決定する最も大きな要因は遺伝です。

D.✕ トレーニングによって、FG線維とFOG線維との間で筋線維タイプの移行がある可能性が報告されています。

E.✕ トップレベルのマラソンランナーでは遅筋線維が占める比率は80%超です。

A6 （正解）A、B

発揮できる筋力を決める要素には、筋収縮の様式、関節角度、筋の横断面積、支配神経の放電パターンなどがあります。筋の横断面積を増やす（＝筋肥大）のためには、３か月以上のトレーニングが必要とされています。

A.B.◯ 記述のとおりです。

C.✕ 筋肥大には３か月以上のトレーニング期間が必要とされています。

D.✕ 単純な単関節では、100度付近が最大とされています。

E.✕ 筋の横断面積が大きいほど筋力も高くなります。

A7 （正解）E

循環系は、血液を送り出すポンプである心臓と血液が流れる輸送路である血管から構成

され、「心臓血管系」とも呼ばれます。それぞれの機能と運動によって起こる機能変化を知っておくことは運動指導者として極めて重要です。

A.B.C.D.○ 記述のとおりです。

E.✕ 脈圧とは収縮期血圧の値と拡張期血圧の値との差です。成人の標準的な収縮期血圧と拡張期血圧は120mmHg／80mmHgですが、このときの脈圧は40mmHgとなります。

A 8　　正解　B

運動強度の増加に伴い、活動筋の酸素需要が増加します。この増加に対応するために酸素摂取量も増加しますが、そこには多少のタイムラグが存在するため、「酸素借」や「酸素負債」が生じます。

A.✕ 中強度の運動では、開始後数分で酸素摂取量が一定の値を示す定常状態（プラトー）に至ります。

B.○ 記述のとおりです。

C.✕ 運動中の換気量は、酸素摂取量および運動強度にほぼ比例して増加しますが、その関係は直線的ではなく、中等度の運動強度に屈曲点が存在します。

D.✕ 最大酸素摂取量は、①酸素を取り込む呼吸系、②酸素を運搬する循環系、③酸素を利用する活動筋の総合能力によって決まります。

E.✕ 「酸素借＜酸素負債」であることが知られています。

A 9　　正解　C、E

成人以降、加齢に伴って体力・運動能力は低下します。ただし、全能力が一様に低下するわけではなく、例えば、握力と最大酸素摂取量との間にも違いが見られます。

A.○ 記述のとおりです。最大心拍出量の低下に伴い最大酸素摂取量も低下します。

B.○ 記述のとおりです。

C.✕ 健康で活動的な生活を送るには、20ml／kg／分の最大酸素摂取量が必要です。

D.○ 記述のとおりです。高齢者では、よく歩くことが体力低下を防ぐために大切です。

E.✕ 握力は50歳くらいまで変化がありません。

A 10　　正解　A

人体の関節の多くは、筋の発揮した力が、末端部の大きな移動に変換されるテコの構造になっています。テコ比が4.9である場合、筋が発揮した真の筋力に対してみかけの筋

力は1/4.9になりますが、末端部を筋収縮の4.9倍の距離を移動させることができるのです。（例えば、上腕二頭筋が1cm収縮するだけでダンベルをもつ手は4.9cm動きます。）

A.○ 記述のとおりです。関節によって最大筋力発揮ができる関節角度が異なります。

B.✕ 少し曲げておいたほうが大きな力を素早く発揮できます。

C.✕ ダンベルの重さは筋力計での筋力（見かけの筋力）であり、筋肉が実際に発揮している力（真の筋力）ではありません。

D.✕ 肘関節屈曲のテコ比は4.9です。したがって10kgのダンベルを上げるのに上腕二頭筋は49kgの力を発揮する必要があります。

E.✕ アクチンとミオシンの重なりあう部分が変わるからです。

A 11　　正解　B

流体中を物体が移動するとき、その移動を妨げようとする力が働きます。（例えば、空気抵抗など。）その力の、移動方向と逆向きの成分を「抗力」といい、抗力に直角上向きの成分を「揚力」といいます。

A.✕ 移動と逆向きの力を抗力といいます。

B.○ 記述のとおりです。

C.✕ 流体の密度に比例しますので、密度が濃いほど抗力も揚力も高くなります。

D.✕ 抗力と揚力は、投影面積に単純比例します。

E.✕ 抗力と揚力は、速度の2乗に比例します。

A 12　　正解　D、E

脂肪酸のうち体内で合成できないものを必須脂肪酸といい、食事で摂取する必要があります。

A.B.C.○ 必須脂肪酸です。

D.✕ 葉酸はビタミンBです。

E.✕ クエン酸は脂肪酸ではありません。

A 13　　正解　A、C

体内に存在する元素は約60種類ありますが、このうち酸素、炭素、水素、窒素の4つの元素が96％を占めています。残りの4％の元素がミネラル（無機質）と呼ばれます。

A.C.○ 日本人の平均的な食生活で不足しがちなミネラルはカルシウムと鉄です。

B.D.E.✕ A.C.が正しい答えです。

A 14　正解　C、E

「日本人の食事摂取基準」は、専門家に向けて、エネルギーや栄養素の１日あたりの摂取量に関して定量的な基準を示したものです。一方、「食生活指針」は、一般の人々を対象とした、実践のための定性的なメッセージを示したものになっています。

A.B.D.○ 記述のとおりです。

C.✕ 食生活指針は、何をどのように食べたらよいかを一般の人々に対して示したものです。

E.✕ 食事摂取基準では、推定エネルギー必要量が性・年齢・身体活動レベル別に示されています。

A 15　正解　A、D

特定の栄養素の摂取不足は競技能力の低下につながる場合がほとんどですが、サプリメントなどによって必要量以上に摂取することが競技能力の向上につながるかどうかは不明です。栄養は、摂れば摂るほどよいのではなく、適切な範囲で摂取することが重要です。

A.○ 記述のとおりです。

B.✕ 女性のほうがヘモグロビン濃度は低く、貧血になりやすいです。

C.✕ 運動による骨へのストレスは骨を強化します。

D.○ 記述のとおりです。

E.✕ 現代日本人の食生活では、たんぱく質は十分に確保されています。

A 16　正解　B

新体力テストでは、65歳以上の対象者については、測定を行う前に、健康状態のチェックに加え、ADL（日常生活活動）のチェックも行い、測定の可否を判断します。

A.C.D.E.✕ B.が正しい答えです。

B.○ 記述のとおりです。Activity of Daily Livingの略です。

A 17　正解　B

運動指導者は、体力測定の項目とその測定内容を理解していることが極めて重要です。各測定の結果から、対象者の現在の体力を正確に把握したうえで、運動プログラムを作成することが求められます。

A.✕ 上体起こしは、筋持久力の測定項目です。

B.○ 記述のとおりです。

C.✕ 反復横とびは、敏捷性の測定項目です。

D.✗ 立幅とびは、<u>瞬発力</u>の測定項目です。

E.✗ 20mシャトルランは、<u>全身持久力</u>の測定項目です。

A 18 （正解）**C、D**

新体力テストは、6～11歳・12～19歳・20～64歳・65～79歳の区分ごとに測定項目を定めていますが、国民の加齢に伴う体力の発達や低下を経年的に追跡できるようにするため、全年齢層に共通する測定項目も設けています。

A.B.E.○ 記述のとおりです。

C.✗ 反復横とびは、<u>65歳以上では実施されません</u>。

D.✗ 立幅とびは、<u>65歳以上では実施されません</u>。

A 19 （正解）**B、D**

体脂肪量の測定は、元来、高価な設備や特別な技術が必要とされてきましたが、今日ではより簡便化された方法が用いられるようになりました。簡便法は、水中体重秤量法や空気置換法、DXA法といった基準法による測定値に基づいて開発されています。

A.C.E.○ 記述のとおりです。

B.✗ 水中体重秤量法は<u>特殊な設備と熟練した測定技術が必要</u>ですので、一般的ではありません。

D.✗ インピーダンス法は<u>体水分量の影響を受ける</u>ため、入浴後などの測定は好ましくありません。

A 20 （正解）**B、E**

最大酸素摂取量の向上を主目的としたトレーニングに関しては、全面性・個別性・過負荷・意識性・反復性・可逆性・特異性といった原則が存在します。

A.C.D.○ 記述のとおりです。

B.✗ 速度特異性とは、<u>トレーニングした筋収縮速度でのみトレーニング効果が得られる</u>ということです。

E.✗ 記述は<u>個別性の原則</u>のことです。

A 21 （正解）**C**

運動プログラムを作成するさいには、運動の方法、強度、時間、頻度、期間を明確に記述する必要があります。運動強度の記述方法として、最大酸素摂取量に対する相対値で表す方法があります。その場合、単純に最大酸素摂取量の何%に相当するかを規定する方法と、最大酸素摂取量と安静時酸素摂取量との差（予備量）全体の何%に相当するか

を規定する方法とがあります。

A.B.D.E. ✕ C.が正しい答えです。

C. ⭕ 記述のとおりです。

A 22 （正解）E

ウォームアップとは身体を安静状態から運動状態に無理なく速やかに適応させる運動のことです。クールダウンは運動状態から徐々に回復をはかることで運動後の急激な変化による傷害等を予防し、疲労物質を速やかに除去しながら安静状態に戻す運動のことです。

A.B.C.D. ⭕ 記述のとおりです。

E. ✕ クールダウンやストレッチングを行うことによって筋肉痛が軽減されるということはない、という報告があります。確実にできるとはいえません。

A 23 （正解）B、E

有酸素性運動の機器は数種類ありますが、上肢負担の多いものから下肢負担の多いもの、全身運動の要素の強いものと、その特性はさまざまです。それぞれの機器の特性と注意点を理解し、安全で効果的な指導を行うことが重要です。

A.C.D. ⭕ 記述のとおりです。

B. ✕ 腰部に問題のある人は、アップライト型よりリカンベント型を使用したほうが腰への負担が少なくなります。

E. ✕ ローイングマシンの使用時に腰を反らすと腰背部痛につながる危険性がありますので、そのような動作は避けます。体幹部はまっすぐ保持してこぐようにします。

A 24 （正解）D

身体活動・運動の実施がメンタルヘルスを好ましく変化させることは多くの研究によって裏付けられています。

A.B.C.E. ⭕ 記述のとおりです。

D. ✕ 身体活動・運動を行うことによって、早く眠りにつくことができ、長く、深く眠ることができるとされています。

A 25 （正解）B、C

トランスセオレティカル・モデルは、現在、喫煙行動・食行動・運動行動などさまざまな健康行動の変容に関し、個人の準備性に合わせた介入を行うさいに用いられています。

A. ✕ TTMは、喫煙行動や食行動など、さまざまな変容過程に用いられます。

B. ◯ 記述のとおりです。

C. ◯ 記述のとおりです。他の要素として、セルフエフィカシー、意思決定バランス、変容プロセスがあります。

D. ✕ セルフエフィカシーとは、行動を妨げる要因を克服する見込み感（自信）のことです。

E. ✕ 意思決定バランスは、行動することに伴う恩恵と負担のバランスのことです。

A 26　　正解　C

健康運動実践指導者は、積極的な健康づくりを目的とした運動を安全かつ効果的に実践指導できる能力が求められます。そのためには、運動プログラムを適切に構成できる能力、自ら動きの見本を示す実演能力、その動きを正しく模倣させる指導能力が必要です。

A. ◯ 記述のとおりです。

B. ◯ 集団を指導する場合、個人個人の状況が異なるため、それらを考慮した柔軟性のあるプログラム構成が必要です。

C. ✕ 見本となる動きでは、不必要な動きや動きの癖（アクセントなど）のない明確な動きが示される必要があります。

D. ◯ 「風船をかかえるように」など動きをイメージしやすいキューイングは効果的です。

E. ◯ 対面指導では、指導者は対象者と向き合い、対象者と反対の動きをしながら指導するため、かえって対象者が混乱する場合もあります。

A 27　　正解　E

トレーニングの重要性は広く認識されるようになりましたが、ウォームアップの重要性の認識は一般の人は十分とはいえません。簡単なストレッチングしか行っていないなど、かなり簡略化されている場面が多く見られます。運動指導者は適切なウォームアップを指導しなくてはなりません。

A. B. C. D. ◯ 記述のとおりです。

E. ✕ 記述のような効果は確認されていません。

A 28　　正解　B、D

競技選手がストレッチングを行う目的と、一般の人が行う目的とは少々異なります。それぞれの目的を的確に達するためにストレッチングの理論をしっかりと把握しておくことが大切です。

A.〇 筋が収縮しているときは周囲の毛細血管が押しつぶされて血行が阻害されています。ストレッチングで筋を伸ばすことによって、血行が促進され、酸素供給も増えるため、乳酸の除去が早まります。

B.✕ 筋・腱を伸ばして関節可動域を広げます。

C.〇 記述のとおりです。なお、腰背部の柔軟性が低いと腰痛の原因になります。

D.✕ ゆっくり行う静的ストレッチングは筋温を下げてしまい、また筋が弛緩してしまうため、<u>ウォームアップには適さない</u>といえます。

E.〇 記述のとおりです。筋温が上がっている状態であれば、短時間の強めのストレッチングも関節可動域の向上に有効です。

A 29 （正解）**A、B**

ウォーキングは、誰でもできる運動であり、膝や腰への負担が少ないため、ジョギングよりも安全に行うことができます。

A.✕ 片脚立脚期は、1歩行周期の約<u>60%</u>を占めます。

B.✕ 地面反力の鉛直方向の分力の最大値は、体重の<u>1.2〜1.5</u>倍程度です。

C.〇 ウォーキングはジョギングより膝や腰の負担が少なくなります。

D.〇 記述のとおりです。

E.〇 記述のとおりです。ですから、ウォーキングでは、歩幅を広げることが大切です。

A 30 （正解）**A**

運動強度（メッツ）×運動時間(h)×体重(kg) で、おおよそのエネルギー消費量を計算できます。運動時間の単位は「時間（hour）」であり、30分なら0.5時間、45分なら0.75時間になります。つまり、7（メッツ）×0.75（時間）×60（kg）＝315（kcal） が答えになります。

A.〇 記述のとおりです。

B.C.D.E.✕ 315kcalが正しい答えです。

A 31 （正解）**B**

ウォーキングのフォームで最も重要なポイントは、「歩幅を広げて」歩くことです。その他のポイントとしては、「足を着くときは膝をしっかり伸ばす」「股関節は過度に内旋・外旋させない」などが挙げられます。

A.C.D.E.〇 記述のとおりです。

B.✕ <u>肘を曲げ</u>、腕を軽く振ります。

A 32 （正解）**C**

ジョギングはウォーキングに比べ着地時の衝撃が大きく、体重の2〜3倍の負荷がかかります。その分、障害発生の危険性が高まりますので、起こりうる障害について理解し予防に努める必要があります。

A．B．D．E．○ 記述のとおりです。

C．✕ 脛骨過労性骨膜炎は、シン・スプリントとも呼ばれます。

A 33 （正解）**B**

エアロビックダンスの運動プログラムは指導者が作成します。基本的にはウォームアップ、主運動、クールダウンで構成されます。1回の運動時間は45〜60分程度とします。

A．○ 記述のとおりです。ウォームアップは通常10分程度です。

B．✕ 姿勢保持時間の長いスタティックストレッチングは、せっかく上がった筋温を低下させてしまったり、筋を弛緩させ運動に適さない状態にしてしまうため、ウォームアップに取り入れるのは適当でないといえます。

C．D．E．○ 記述のとおりです。

A 34 （正解）**A**

水中で行う運動は陸上での運動とは異なる様々な特性があるため、指導のポイントを押さえておくことが重要です。

A．✕ 水中での運動時は、陸上で同じ運動強度の運動を行ったときよりも心拍数が低くなるので、通常の方式で求めた目標心拍数から10〜15拍低い心拍数を目標心拍数にします。

B．○ 記述のとおりです。ストリームラインとは手先から足先まで全身をまっすぐに伸ばした姿勢です。

C．○ クロールは水の抵抗が最も少ない泳法です。指導する機会も多くなりますので、腕の動き（プル・リカバリー）、脚の動きを正しく理解しておくことが重要です。

D．○ 記述のとおりです。アクアビクスは、浮力によって腰や膝への負担が軽くなるため、中高年者に適した運動といえます。

E．○ 記述のとおりです。膝を高く上げることも大切です。

A 35 （正解）**A、C**

レジスタンス運動は筋の収縮様式の違いや、器具の違い、目的の違いなどからさまざ

24

なトレーニングが存在します。各トレーニングの特徴を理解し、適切な種目、強度、時間、頻度でプログラムを作成することが重要です。

A.✕ 一般的な高齢者は加齢に伴い大腿四頭筋、大殿筋、腹直筋、脊柱起立筋などの筋力が低下しやすいため、プログラムにはそれらの強化種目を必ず入れるようにします。

B.○ 記述のとおりです。

C.✕ トレーニング初期は神経系の機能改善によって筋力が向上しますが、筋肥大の効果が表れるまでには6～7週間以上のトレーニングが必要です。

D.○ 記述のとおりです。最大下テストとは、最大で10回反復できる程度の重量を使用し、最大筋力を推定する測定方法です。最大重量を使わないので、安全性が高い測定方法といえます。

E.○ 記述のとおりです。

A 36 （正解）A

フリーウェイトトレーニングは、スポーツや日常行動の筋力発揮パターンにより近く、スポーツのパフォーマンスやQOLを高めるための筋力強化に適しています。ただし、誤った動作等でけがをする危険性も高いので、各エクササイズについて、グリップやスタンスなどの挙上姿勢、動作、リズム、強化される筋などを正確に覚えておくことが大切です。

A.✕ ツーハンズカールは、通常は、アンダーグリップで行います。

B.C.D.E.○ 通常はオーバーグリップで行います。

A 37 （正解）C

レジスタンストレーニングを安全に実施するためには、体調チェックや呼吸法、正しいフォーム、トレーニングベルトの使用、補助者の配置を適切に行うことが大切です。

A.✕ 血圧の異常値、食欲不振、睡眠不足、疲労感、体温37℃以上、安静時脈拍100拍以上などが認められる場合は、トレーニングを控えるべきです。

B.✕ 一般に、胸郭が開くときに息を吸うのがよいとされています。

C.○ 記述のとおりです。

D.✕ トレーニングベルトの使用は、スクワットやパワークリーンなどを行うときに有効で、特に80％1RM以上の重量を扱うときには必須です。

E.✕ 一般的に、補助は2名で行うのが望ましく、特に高重量を扱うときは注意が必要です。

A 38　(正解)　**C、E**

本問では、スポーツ活動に関連した内科的な障害の代表例が、各選択肢に挙げられています。それぞれがどのような障害であるかを正しく理解し、起きてしまった場合には適切な対処を、さらには起きないように予防の対策を講じることが重要です。

A.B.D. ○　記述のとおりです。

C.✕　過換気症候群は、二酸化炭素の過剰排泄によるアルカローシスです。

E.✕　過剰なトレーニングによる意欲の低下、抑うつ、睡眠障害などの症候群です。

A 39　(正解)　**C**

運動中に起こる整形外科的障害の代表的なものとして、挫傷と骨折があります。挫傷に対する救急処置（RICE処置）や骨折に関する正しい知識を習得することは、運動指導者にとって必須といえます。

A.B.D.E. ○　記述のとおりです。

C.✕　外傷性骨折は、開放骨折（複雑骨折）と閉鎖骨折（単純骨折）に分けられます。

A 40　(正解)　**C、D**

効果のあるテーピングを行うためには、正しい解剖学的知識に基づき、部位・疾患・病状に応じたテープを選択し、適切な関節角度で運動制限を加える必要があります。

A.B.E. ○　記述のとおりです。

C.✕　そのスポーツで一番使用する関節角度で固定します。

D.✕　アンダーラップは皮膚の保護のために使用します。

memo